TRIBULAT BONHOMET

L'auteur et les éditeurs déclarent réserver leurs droits de traduction et de reproduction.

Ce volume a été déposé au Ministère de l'Intérieur (section de la Librairie) en mai 1887.

DU MEME AUTEUR :

Contes cruels, 1 vol. (Calmann Lévy).
Le Nouveau Monde, 1 vol. (Richard), *épuisé*.
La Révolte, 1 vol. (Lemerre).
Isis, 1 vol. (Dentu), *épuisé*.
L'Amour suprême, 1 vol. (de Brunoff).
Elen, 1 vol. (Francisque et Cⁱᵉ), *épuisé*.
Akëdyssëril (de Brünhoff). — *Épuisé*.
Premières poésies, 1 vol. (Scheuring, Lyon), *épuisé*.
Morgane, 1 vol. (Francisque), *épuisé*.
L'Ève future, 1 vol. (de Brunhoff).

SOUS PRESSE :

Axël, 1 vol.
Propos d'au-delà, 1 vol.
L'Adoration des Mages, 1 vol.
Le Vieux de la Montagne, 1 vol.
Méditations, 1 vol.
Mélanges, 1 vol.

Théâtre.

Théâtre, 2 vol.

Histoire.

Documents sur les règnes de Charles VI et de Charles VII, 1 vol.

Œuvres métaphysiques.

L'Illusionisme, 1 vol.
De la connaissance de l'Utile, 2 vol.
L'Exégèse divine, 1 vol.

ÉMILE COLIN — IMPRIMERIE DE LAGNY

Comte DE VILLIERS DE L'ISLE-ADAM

Tribulat
BONHOMET

« *Je m'appelle* Légion. »
N. T.

PARIS
TRESSE & STOCK, ÉDITEURS
8, 9, 10, 11, GALERIE DU THÉATRE-FRANÇAIS
PALAIS-ROYAL

Tous droits réservés.

Cte DE VILLIERS DE L'ISLE-ADAM

TRIBULAT BONHOMET

« *Je m'appelle LÉGION.* »
N. T.

— NOUVELLE ÉDITION —

PARIS
TRESSE & STOCK, ÉDITEURS
8, 9, 10, 11, GALERIE DU THÉATRE-FRANÇAIS
PALAIS-ROYAL

1896

AVIS AU LECTEUR

Nous donnons, aujourd'hui, pour initier le public au CARACTÈRE *du docteur Bonhomet, d'abord trois nouvelles qui indiquent, à grands traits, l'intime de son individu.*

Le Docteur prend, ensuite, lui-même, la parole et nous raconte l'histoire plus qu'étrange de CLAIRE LENOIR, *— dont nous lui laissons entièrement la lourde responsabilité.*

Plus un ÉPILOGUE.

Si, comme nous sommes fondés à le craindre, ce Personnage (incontestable, s'il en fut!) obtient quelque vogue, nous publierons, bientôt, non sans regrets, les ANECDOTES *dont il est le héros et les* APHORISMES *dont il est l'auteur.*

VILLIERS DE L'ISLE-ADAM.

AUX

CHERS INDIFFÉRENTS

ERRATA

Page 41, l'épigraphe, omise, de cette nouvelle est :

« *Non mœchaberis.* »

Moïse.

Page 66, ligne 5, au lieu de « *l'engouement* » lire : « l'enjouement ».

Page 73, ligne 8, rectifier la confusion des lettres par ces mots : « parce qu'il est une **femme** ».

Page 122, ligne 17, au lieu de « *hauteur* » lire : « hanteur ».

Page 252, ligne 17, ajouter, ainsi qu'il suit, la ligne omise :

«un silence pendant lequel Mme Lenoir, *ayant rejeté des deux côtés la longue mante noire, son vêtement,* »

Page 267, ligne 14, lire, après le point et virgule : « ; lui ayant, précipitamment, soulevé la tête, un grand frisson me glaça : je voyais deux larmes jaillir... » etc.

Page 284 et dernière, ligne 14, au lieu de : que nous devons *de* rouvrir des yeux, lire : « que nous devons le rouvrir des yeux ».

LE TUEUR DE CYGNES

« Les cygnes comprennent les signes. »
Victor Hugo. *Les Misérables* (1).

---

(1) Inutile (pensons-nous) d'ajouter qu'en cette authentique citation, ce n'est pas l'Auteur de *La Bouche d'ombre* qui parle, — mais simplement *l'un de ses personnages*. Il serait peu juste, en effet, d'attribuer à un Auteur *même* les prud'homies monstruosités blasphématoires ou vils jeux de mots — que, pour des raisons spéciales et peut-être hautes — il se résout, tristement, à prêter à certains Ilotes de son imagination.

LE TUEUR DE CYGNES

A Monsieur Jean MARRAS.

A force de compulser des tomes d'Histoire naturelle, notre illustre ami, le docteur Tribulat Bonhomet avait fini par apprendre que « *le cygne chante bien avant de mourir* ». — En effet (nous avouait-il récemment encore), cette musique seule, depuis qu'il l'avait entendue, l'aidait à supporter les déceptions de la vie et toute autre ne lui semblait plus que du charivari, du « Wagner ».

— Comment s'était-il procuré cette joie d'amateur ? — Voici :

Aux environs de la très ancienne ville fortifiée qu'il habite, le pratique vieillard ayant, un beau jour, découvert dans un parc séculaire à l'abandon, sous des ombrages de grands arbres, un vieil étang sacré — sur le sombre miroir duquel glissaient douze ou quinze des calmes oiseaux, — en avait étudié soigneusement les abords, médité les distances, remarquant surtout le cygne noir, leur veilleur, qui dormait, perdu en un rayon de soleil.

Celui-là, toutes les nuits, se tenait les yeux grands ouverts, une pierre polie en son long bec rose, et, la moindre alerte lui décelant un danger pour ceux qu'il gardait, il eût, d'un mouvement de son col, jeté brusquement dans l'onde, au milieu du blanc cercle de ses endormis, la pierre d'éveil : — et la troupe à ce signal, guidée encore par lui, se fût envolée à travers l'obscurité sous les allées profondes, vers quelques lointains gazons ou telle fontaine reflétant de grises statues, ou tel autre asile bien connu de leur mémoire. — Et Bonhomet les avait considérés longtemps, en silence, — leur souriant, même. N'était-ce pas de leur dernier chant dont, en parfait dilettante, il rêvait de se repaître bientôt les oreilles ?

Parfois donc, — sur le minuit sonnant de quelque automnale nuit sans lune, — Bonhomet, travaillé par une insomnie, se levait tout à coup, et, pour le concert qu'il avait besoin de réentendre, s'habillait spécialement. L'osseux et gigantal docteur, ayant enfoui ses jambes en de demesurées bottes de caoutchouc ferré, que continuait, sans suture, une ample redingote imperméable, dûment fourrée aussi, se glissait les mains en une paire de gantelets d'acier armorié, provenue de quelque armure du Moyen âge, (gantelets dont il s'était rendu l'heureux acquéreur au prix de trente-huit beaux sols, — une folie! — chez un marchand de passé. Cela fait, il ceignait son vaste chapeau moderne, soufflait la lampe, descendait, et, la clef de sa demeure une fois en poche, s'acheminait, à la bourgeoise, vers la lisière du parc abandonné.

Bientôt, voici qu'il s'aventurait, par les sentiers sombres, vers la retraite de ses chanteurs préférés — vers l'étang dont l'eau peu profonde, et bien sondée en tous endroits, ne lui dépassait par la ceinture. Et, sous les voûtes de feuillée qui en avoisinaient les atterrages, il assourdissait son pas, au tâter des branches mortes.

Arrivé tout au bord de l'étang, c'était lentement, bien lentement — et sans nul bruit!

— qu'il y risquait une botte, puis l'autre, — et qu'il s'avançait, à travers les eaux, avec des précautions inouïes, tellement inouïes qu'à peine osait-il respirer. Tel un mélomane à l'imminence de la cavatine attendue. En sorte que, pour accomplir les vingt pas qui le séparaient de ses chers virtuoses, il mettait généralement de deux heures à deux heures et demie, tant il redoutait d'alarmer la subtile vigilance du veilleur noir.

Le souffle des cieux sans étoiles agitait plaintivement les hauts branchages dans les ténèbres autour de l'étang : — mais Bonhomet, sans se laisser distraire par le mystérieux murmure, avançait toujours insensiblement, et si bien que, vers les trois heures du matin, il se trouvait, invisible, à un demi-pas du cygne noir, sans que celui-ci eût ressenti le moindre indice de cette présence.

Alors, le bon docteur, en souriant dans

l'ombre, grattait doucement, bien doucement, effleurait à peine, du bout de son index moyen âge, la surface abolie de l'eau, devant le veilleur!... Et il grattait avec une douceur telle que celui-ci, bien qu'étonné, ne pouvait juger cette vague alarme comme d'une importance digne que la pierre fût jetée. Il écoutait. A la longue, son instinct, se pénétrant obscurément de l'*idée* du danger, son cœur, oh! son pauvre cœur ingénu se mettait à battre affreusement : — ce qui remplissait de jubilation Bonhomet.

Et voici que les beaux cygnes, l'un après l'autre, troublés, par ce bruit, au profond de leurs sommeils, se détiraient onduleusement la tête de dessous leurs pâles ailes d'argent, — et, sous le poids de l'ombre de Bonhomet, entraient peu à peu dans une angoisse, ayant on ne sait quelle confuse conscience du mortel péril qui les menaçait. Mais, en leur délicatesse infinie, ils souffraient en silence, comme le veilleur, — ne pouvant s'enfuir, *puisque la pierre n'était pas jetée!* Et tous les cœurs de ces blancs exilés se mettaient à battre des coups de sourde agonie, — *intelligibles* et distincts pour l'oreille ravie de l'excellent docteur qui, — sachant bien, lui, ce que leur causait, *moralement,* sa seule proximité, — se délectait, en des prurits incomparables, de la terrifique sensation que son immobilité leur faisait subir.

— Qu'il est doux d'encourager les artistes ! se disait-il tout bas.

Trois quarts d'heure, environ, durait cette extase, qu'il n'eût pas troquée contre un royaume. Soudain, le rayon de l'Étoile-du-matin, glissant à travers les branches, illuminait, à l'improviste, Bonhomet, les eaux noires et les cygnes aux yeux pleins de rêves ! le veilleur, affolé d'épouvante à cette vue, jetait la pierre... — Trop tard!... Bonhomet, avec un grand cri horrible, où semblait se démasquer son sirupeux sourire, se précipitait, griffes levées, bras étendus, à travers les rangs des oiseaux sacrés! — Et rapides étaient les étreintes des doigts de fer de ce preux moderne : et les purs cols de neige de deux ou trois chanteurs étaient traversés ou brisés avant l'envolée radieuse des autres oiseaux-poètes.

Alors, l'âme des cygnes expirants s'exhalait, oublieuse du bon docteur, en un chant d'immortel espoir, de délivrance et d'amour, vers des Cieux inconnus.

Le rationnel docteur souriait de cette sentimentalité, dont il ne daignait savourer, en connaisseur sérieux, qu'une chose, — LE TIMBRE. — Il ne prisait, musicalement, que la douceur singulière *du timbre* de ces symboliques voix, qui vocalisaient la Mort comme une mélodie.

Bonhomet, les yeux fermés, en aspirait, en son cœur, les vibrations harmonieuses : puis, chancelant, comme en un spasme, il s'en allait échouer à la rive, s'y allongeait sur l'herbe, s'y couchait sur le dos, en ses vêtements bien chauds et imperméables.

Et là, ce Mécène de notre ère, perdu en une torpeur voluptueuse, ressavourait, au tréfond de lui-même, le souvenir du chant délicieux — bien qu'entaché d'une sublimité selon lui démodée — de ses chers artistes.

Et, résorbant sa comateuse extase, il en ruminait ainsi, à la bourgeoise, l'exquise impression jusqu'au lever du soleil.

MOTION

DU

Dr TRIBULAT BONHOMET

TOUCHANT

L'UTILISATION DES TREMBLEMENTS DE TERRE

> Quand Pharamond ceignit la tiare, la France n'était qu'une vaste étendue paludéenne, — bien plus propre aux ébats du canard sauvage... qu'au jeu régulier des Institutions constitutionnelles.
>
> **Un sage moderne.**

MOTION

DU

Dr TRIBULAT BONHOMET

TOUCHANT

L'UTILISATION DES TREMBLEMENTS DE TERRE (¹)

A Monsieur Gustave GUICHES.

« — Arpentons-nous un terroir de fantaisie dont nous sommes les... capucins de cartes ?

« Quoi ! venant de fêter, derechef, une

---

(1) A la nouvelle des très horribles tremblements de terre (des fin février et 1ᵉʳ mars 1887), — phénomènes qui désolèrent le Midi, — l'illustre Docteur crut de son devoir d'a-

naïve tradition de nos pères, — ces jours gras dont s'extasie la jeunesse, — voici qu'au moment où nous allons nous livrer au sommeil les cours d'honneur de nos plus conséquents hôtels, en notre capitale, se voient envahies, à l'arrivée des trains du soir, par des hordes plus que sommairement vêtues (quelques dames ayant poussé la terreur jusqu'à l'impudicité), voici que les majordomes, se croyant les jouets d'hallucinations morbides, — sinon d'une sortie de bal de barrière, — ne peuvent que béer à ce spectacle, tandis que, mandés en toute hâte et présumant déjà quelque nouvelle fumisterie d'anarchistes, les accourus gardiens de cette paix, — qui nous est plus chère que toute

---

dresser aux bureaux de nos deux Chambres la présente Motion, dont l'urgence, — malgré le vœu secret d'une double majorité, — fut (du moins au dire énergique de Bonhomet lui-même), remise aux « calendes grecques ».

Nous n'ajoutons que l'*épigraphe,* pour indiquer le *la* particulier à l'intonation professorale du célèbre spécialiste.

chose excepté la vie, — se caressent silencieusement l'impériale au narré des confidences, trémolantes encore, de tous ces voyageurs qu'ils écoutent d'une oreille distraite, en les enveloppant de regards obliques et soupçonneux !

« — Vraiment, lorsqu'au lu des dépêches méridionales l'électricité contraignit chacun de se rendre à l'évidence, nous ne sûmes, avouons-le, que penser. C'était à se croire en plein Moyen-âge ! »

« Comment d'aussi mélodramatiques phénomènes peuvent-ils encore se produire au milieu de nos civilisations constitutionnelles et régulières? Cela ne répugne-t-il pas au Sens-commun! Ces cataclysmes, aujourd'hui sans raison d'être, et qui ont fait leur temps, riment-ils à quelque chose? Non pas! Ils choquent, simplement, toutes les idées reçues et ne sauraient qu'exiger une prompte répression. Quoi! dans notre siècle de lumières, six mille personnes, pour la plupart honorables, ne peuvent innocemment prendre le frais sans être exposées à ce qu'une inopinée trépidation du sol les écrase à l'improviste?... Je trouve à ceci comme une vague odeur d'obscurantisme.

« Comment soumettre ces secousses aux freins d'une sage réglementation? les museler, pour ainsi dire, en les classant sous un régime ingénieusement administratif?... Il n'y a pas à tergiverser : il faut arriver à ça.

« Sinon la Science, qui est tout, absolument tout, finirait par ne plus sembler qu'un leurre — nous assimilant, autant dire, à des jouets de la Mécanique-céleste : — ce qui est inadmissible.

« Que le sous-sol, en de certains volcaniques voisinages, présente encore des difficultés d'investigations momentanément appréciables, soit; mais devons-nous être, longtemps encore, à la merci des éventuelles gracieusetés d'un solfatare, alors que nos jours en dépendent ? Ne vaudrait-il pas mieux nous résigner, comme de pratiques savants le proposent, à vider tout bonnement le Vésuve, pour créer des exutoires plus libres aux suburbaines flatuosités de la planète?

« Question.

« Le plus révoltant de l'aventure est que maintes gens, tolérés, dans nos grands centres, on ne sait trop à quel titre — (à celui d'« artistes » je crois ?) — ont l'air, pour gouailler le Progrès, de s'autoriser de ces calamiteuses fumisteries de notre étoile, prétextant que ces aveugles oscillations des couches terraquées de l'Italie démontrent l'ingérence, en nos affaires, de Puissances secrètes, espiègles et nuisibles. — Oui! oui! c'est cette idée biscornue (et pas une autre !) que cachent toutes ces transparentes insinuations, — ces réticences, même ! de certaine presse : — et nous les voyons venir !... Oui, oui, nous les voyons venir.

« Car ces vils aligneurs de mots sont toujours de l'opinion des choses en retard : leur arrière-pensée serait de nous ramener aux rois fainéants, au droit du seigneur et à l'Inquisition : — ils sont une peste pour le corps social. — Certes, je n'en disconviens pas, nous les décorons, nous les couvrons d'or, nous les rassasions de démonstrations admiratives et chaudement sympathiques ; mais, au fond, nous savons très bien que nous les méprisons et haïssons comme la boue de nos souliers. N'était cet esprit de modération qui est le principe de notre être et de notre ère, il y a belle lurette que nous les eussions exterminés sous le bâton. Mais, voilà ! ce serait excessif.

« Il nous faudrait donc leur préparer un trépas hideux, — dont nous puissions, ostensiblement, nous laver les mains. Je crois répondre au vœu secret de tous en prenant sur moi de le déclarer.

« Eh bien ! cette idée m'est venue de les confier à la maternelle Nature, puisqu'ils sont de l'opinion de cette dernière. — Voici donc mon projet.

« M. Eve del Rio, ayant bien voulu nous communiquer ses prévisions, — (que l'événement, hélas ! n'a que trop justifiées le 2 du courant), — nous abuserons encore de son amabilité en le priant de vouloir bien nous préciser les époques selon lui les plus scabreuses, ainsi que les terrains les plus suspects quant à quelque prochain Tremblement de terre, le plus imminent possible.

« Les indications de ce moderne Jonas une fois obtenues, je propose que, sur l'endroit le plus menacé, soient édifiés, pour l'époque utile, d'énormes bâtiments à toiture de granit. Cela fait, itérativement je propose qu'avec toutes ces câlineries persuasives et doucereuses en lesquelles nous sommes, Dieu merci, passés maîtres !) nous invitions à s'y établir toute l'inspirée ribambelle de ces prétendus Rêveurs, — que Platon voulait, en son indulgence, que l'on couronnât de roses en les jetant à la porte de la République.

« L'aléatoire de la catastrophe nous couvrirait, aux yeux de la Loi, de leur anéantissement.

« Bref, nous leur offririons un logis comfortable, brillant même, avec des horizons, des couchers du Soleil, des horizontales, des étoiles, des falaises, des myrtes, des vins fins, des romans, des fleurs, des oiseaux, enfin l'entourage où ces messieurs perçoivent toutes leurs insipides fantasmagories. Et, puisqu'ils s'obstinent, malgré l'évidence, à croire encore au Mystérieux, qu'ils soient ainsi livrés au Mystérieux !

— De sorte qu'au moment où ils y penseront le moins,

krrraaââk !!!

« nous en serons débarrassés ! — Et nous nous frotterons joyeusement les mains à cette nouvelle, en leur souhaitant bon voyage chez Pluton.

« De cette façon, ces périodiques interventions de l'Absurde, ces sursauts des dernières forces aveugles de la Nature seront utilisées et rationalisées... *Similia similibus.*

« Tout calcul fait, il y aurait économie : le matériel nous resterait, à la surface du globe, pour, — de temps en temps, — renouveler cette sorte de purgation sociale.

« Et la preuve que je suis dans le vrai, quand je propose, après l'avoir mûrement pesé, ce dérivatif, c'est que, si nous eussions eu le choix, enfin, *de troquer les six mille personnes honorables, écrasées dans la dernière catastrophe, contre six mille barbouilleurs de papier, quel est celui d'entre NOUS qui eût hésité? — ne fût-ce qu'une seconde.* »

LE
BANQUET DES ÉVENTUALISTES

Un peu de café, après dîner, fait qu'on s'estime.
Luc de Clapiers, marquis de Vauvenargues.

LE BANQUET

DES

ÉVENTUALISTES

A Madame Méry LAURENT.

Le banquet annuel des Eventualistes, sous la Haute-présidence du docteur Tribulat Bonhomet, s'achevait en toasts paisibles.

C'était l'instant délicieux où, l'un l'autre, en se souriant, l'on boit aux « idées » dont on daigne se croire, ici-bas, le principal, sinon l'unique-dépositaire. D'urgentes questions bio-sociologiques venaient d'être débattues : il va sans dire que les noms de Stuart Mill, de Bain, de Smith et de Herbert Spencer, — donnant du lustre aux douces banalités que leur attribuaient leurs insoucieux citateurs, — avaient sillonné maintes périodes, comme des lueurs dans la nuit.

Les esprits, maintenant, se laissaient nonchalamment aller au cours de ces controverses courtoises dont les gens de goût savent stimuler leurs digestions éclairées.

Soudain, la causerie (générale quoique intime), sur on ne sait trop quelle interruption, devint ALARMISTE. Et, quand le café parut, le mot sonore par excellence, et cependant de syllabes si moelleuses, le mot « dynamite » (horreur !) fut prononcé.

« — La misère parisienne allait, s'aggravant : plus d'issue, les produits excédant les besoins, et les bruits belliqueux n'étant pas de nature à rassurer la pusillanimité du numéraire. Rien ne semblait plus... assis. Les plus lucides, les plus didactiques explications de la crise présente commençaient, elles-mêmes, à sembler peu nourrissantes aux intéressés.

« — Les meneurs de la presse radicale, aiguillonnant sans cesse le taureau populaire, à la longue un concert d'explosifs, — de nouveaux et terribles explosifs, — pouvait, d'un moment à l'autre, troubler la paix publique. Oui. De récents procès, — où les accusés, appuyés d'un auditoire menaçant, avaient parlé de faire tout sauter, osant même prétendre, en pleine cour d'assises, que l'honorable président et ses assesseurs en tremblaient « SUR LEURS TIBIAS », — démontraient l'irritation des nécessiteux. Déjà, dans tels clubs des banlieues, on ne rêvait que de dynamiter, de panclastiter même, ou de mélinitiner, comme par distraction, — « pour voir ce que ça donnerait, » — le Corps législatif, le Sénat, la Préfecture de police, l'Élysée, etc., etc. L'on ne parlait que de miner les synagogues, les israélites paraissant être les gens les plus à leur aise, — partant les plus coupables. L'idée, émise d'abord en se jouant, passait, insensiblement, — il fallait bien se l'avouer, — à l'état de projet!... Des listes de massacres partiels étaient dressées ; les enfants anarchistes déjà les récitaient à titre de prières du soir. . — Bref, après quelques grands froids, fin courant peut-être, une sédition — bien autrement sérieuse que celle de 1871 (l'ennemi ne cernant plus la capitale) — pouvait... »

— En vérité, messieurs, je cherche, vainement, un euphémisme pour vous laisser entendre que vous raisonnez, ici, positivement, comme des fromages! s'écria le docteur Tribulat Bonhomet, (en atténuant, de son plus onctueux sourire, ce que le ton de sa remarque pouvait présenter d'imparlementaire). — Vous oubliez que la profondeur, la prudence et l'énergie madrée de nos gouvernants, ont su neutraliser, d'AVANCE, toute possibilité d'insurrection, même partielle, — grâce à certaine mesure préventive, prophylactique, si vous le préférez, d'une simplicité vraiment géniale — et dont les résultats pacificateurs sont littéralement magiques.

— Quelle mesure ? s'écrièrent les convives en ouvrant de grands yeux.

— Ah ! vous ne l'avez pas remarquée ?... continua le président : — eh bien ! — je suis heureux de vous la révéler. Si, de prime abord, elle peut sembler anodine (et c'est là sa force) à quelques esprits superficiels, je déclare qu'on demeure, en vérité, momifié d'admiration pour peu qu'on se donne la peine d'en observer les conséquences. — Il s'agit, tout bonnement, du décret, déjà vieillot, qui autorise les mille et mille beuveries, cabarets, cafés et tavernes de la Capitale à ne forclore leurs auvents que sur les deux heures de la nuit.

— Eh bien ?... Après ?... murmurèrent les Éventualistes, étonnés de la solennité d'intonation de l'éminent thérapeute.

— Après ?... répondit celui-ci : — suivez, je vous prie, ce raisonnement, dont, encore un coup, la miraculeuse banalité a cela de mortel *qu'elle ne peut sembler qu'un paradoxe.*

Puissiez-vous, (enfin!) vous pénétrer de cette vérité disparue des mémoires : *le jour n'a que 24 heures.*

Partons de ce principe. — Or, lorsqu'un homme se couche avant minuit et se lève sur les sept heures du matin, cet homme a le regard clair, l'esprit en éveil, le bras solide et reposé ; — il peut, sérieusement, s'intéresser aux affaires de son pays... (tout en vaquant fructueusement aux siennes).

Si cet homme prend, au contraire, le pli de ne s'endormir (et de quel sommeil !) que sur les trois heures du matin, ceci le mène, voyez-vous, à DÉJEUNER BIEN TARD !.. L'on s'est réveillé l'œil terne, l'on bâille, l'on hausse les sourcils, l'heure passe, — la journée est perdue. Les soucis, augmentés par de plus qu'inutiles dépenses de liquides, deviennent plus pressants : — bref, l'émeute, si elle fut projetée la veille, est remise à huitaine, — in-dé-fi-ni-ment.

En quinze années, l'on obtient, ainsi, une exemplaire population de songe-creux, dont la force morale et physique se dilue, chaque soir, jusqu'aux deux tiers de la nuit, au milieu d'une brume de nicotine, en vaines discussions, en oiseuses professions de foi, résolutions chimériques et stériles crispations de poings : les propos sont toussés au-dessus de verres de bière ou d'alcool — et s'envolent. Résultat, pour une capitale, en quinze ans, une fluctuation des plus inoffensives d'environ trois cent mille chassieux, plus ou moins ataxiques, à cervelles vidées, aux cœurs avachis, — et dont la plupart céderaient, pour une absinthe, le revolver ou l'explosif octroyé, — comme un Chinois sa femme pour une pipe d'opium.

Vous le voyez, messieurs : cette mesure est d'une politique si efficace qu'elle consolide, quand même, la durée d'un gouvernement, quelques fautes qu'il puisse commettre, — à plus forte raison (et c'est le cas actuel) lorsqu'il n'en commet pas. Elle paralyse d'*avance*, sans effusion de sang et à la bourgeoise, toute sédition. — Tenez ! si l'ukase en était promulgué à Saint-Pétersbourg, j'incline à penser que le Nihilisme lui-même n'y résisterait pas un semestre ! Et j'en suis à me demander comment l'idée si simple, si pratique, de ce dérivatif paraît avoir jusqu'à ce jour échappé à la sagacité, cependant proverbiale, du cabinet moscovite.

Donc, messieurs, Nous, représentants d'un peuple d'élite, Nous qui, foncièrement prêts, — comme notre nuance l'indique, — à saluer, toujours et quand même, toutes survenances, savons ce qui s'appelle se garder à carreau, éloignons de nos banquets de vaines alarmes !... Elevons nos pensers, nos cœurs et, surtout, nos verres — en l'honneur de Ceux dont la compassée vigilance nous mit, ainsi, dès longtemps, à l'abri de toutes exagérées revendications... de ce même Prolétariat sur les plaies duquel nous ne pouvons, hélas !

que gémir. Allons ! un doigt de champagne, — et buvons, en toute gratitude, à la prospérité sans nuées de Ceux dont la perspicace initiative assura — sans tapage et à l'insu même des perturbateurs charmés — la sécurité de nos loisirs. »

D'unanimes adhésions acclamèrent, ici, l'orateur ; les coupes s'entre-choquèrent à l'envi dans les mains rassurées.

Et le banquet annuel des Eventualistes se prolongea — (l'avenir probable de l'Humanité défrayant les conversations) — jusqu'à cette heure du Berger, si douce, toujours, à ces élus de la vie qui se sentent le corps lesté, l'esprit éclectique, le cœur à jamais libre, les convictions *éventuelles* — et la conscience vacante.

CLAIRE LENOIR

MÉMORANDUM DU DOCTEUR TRIBULAT BONHOMET

MEMBRE HONORAIRE DE PLUSIEURS ACADÉMIES

PROFESSEUR AGRÉGÉ DE PHYSIOLOGIE

TOUCHANT

LE MYSTÉRIEUX CAS DE DISCRÈTE ET SCIENTIFIQUE PERSONNE

DAME VEUVE CLAIRE LENOIR

A

MES ILLUSTRES CONTEMPORAINS

T. B.

CLAIRE LENOIR

CHAPITRE PREMIER

PRÉCAUTIONS ET CONFIDENCES

Touched with pensiveness...
Thomas de Quincey.

« La chaîne des événements ténébreux que je vais prendre sur moi de retracer (malgré mes cheveux blancs et mon dédain de la gloriole), me paraissant comporter une somme d'horreur capable de troubler de vieux hommes de loi, je dois confesser, *in primis*, que si je livre ces pages à l'impression, c'est pour céder à de longues prières d'amis dévoués et éprouvés. Je crains même d'être, plus d'une fois, dans la triste nécessité d'atténuer, — (par les fleurs de mon style et les ressources d'une riche faconde), — leur hideur insolite et suffocante.

Je ne pense pas que l'Effroi soit une sensation universellement profitable : le trait d'un vieil insensé ne serait-il pas de la répandre, à la volée, à travers les cerveaux, mû par le vague espoir de bénéficier du scandale? Une découverte profonde n'est pas immédiatement bonne à lancer, au pied levé, parmi le train des pensées humaines. Elle demande à être mûrement digérée et sassée par des esprits préparateurs. Toute grande nouvelle, annoncée sans ménagements, peut alarmer, souvent même affoler bon nombre d'âmes dévotieuses, surexciter les facultés caustiques des vauriens, et réveiller les antiques névroses de la Possession, chez les timorés.

Bien est-il vrai, cependant, que faire penser est un devoir qui prime bien des scrupules !... Tout pesé, je parlerai. Chacun doit porter en soi son *aliquid inconcussum!* — D'ailleurs, mon siècle me rassure; pour quelques esprits faibles que je puis atteindre, il est de nombreux esprits forts que je puis édifier. J'ai dit « esprits forts » et je ne parle pas au hasard. Quant à la véracité de mon récit, personne, je le parierais, ne la plaisantera outre mesure. Car, en admettant, même, que les faits suivants soient radicalement faux, la seule idée *de leur simple possibilité* est tout aussi terrible que le pourrait être leur authenticité démontrée et reconnue. — Une fois pensé, d'ailleurs, qu'est-ce qui n'arrive pas un peu, dans le mystérieux Univers ?

J'ai dit « mystérieux » et non « problématique » : et (qu'il me soit permis de le répéter), je ne parle pas au hasard.

Oiseuses seraient toutes digressions, crayonnées à la hâte et sans critère, sur ce sujet.

Maintenant, — puissent mes Lecteurs en être bien persuadés ! — ce ne sont pas des lauriers purement « littéraires » que je brigue. En vérité, s'il est un objectif, un non-moi, que je méprise au delà même des expressions licites à la langue d'un mortel élégant, je puis bien dire que ce sont les « Belles-Lettres » et leurs suppôts !

— Foin !

Réduit à me présenter moi-même au Public, n'est-il pas urgent de me décrire tel que je suis, une fois pour toutes, au moral et au physique ?

J'ai perdu, sans fruit, une partie de mon intelligence à me demander pourquoi les êtres qui m'ont vu pour la première fois ont pris des figures convulsées par le rire et des attitudes désolantes. Mon aspect, sans me vanter, devrait, au contraire, j'imagine, inspirer des pensées, par exemple, comme celle-ci : « Il est flatteur d'appartenir à une espèce dont fait partie un pareil individu !... »

Physiquement, je suis ce que, dans le vocabulaire scientifique, on appelle : « un Saturnien de la seconde époque. » J'ai la taille élevée, osseuse, voûtée, plutôt par fatigue que par excès de pensée. L'ovale tourmenté de mon visage proclame des tablatures, des projets ; — sous d'épais sourcils, deux yeux gris, où brillent, dans leurs caves, Saturne et Mercure, révèlent quelque pénétration. Mes tempes sont luisantes à leurs sommets : cela dénonce que leur peau morte ne boit plus les convictions d'autrui : leur provision est faite. — Elles se creusent, aux côtés de la tête, comme celles des mathématiciens. Tempes creuses, creusets! Elles distillent les idées jusqu'à mon nez qui les juge et qui prononce. Mon nez est grand, — d'une dimension même considérable, — c'est un nez à la fois envahisseur et vaporisateur. Il se busque, soudain, vers le milieu, en forme de cou-de-pied, — ce qui, chez tout autre individu que moi, signalerait une tendance vers quelque noire monomanie. Voici pourquoi : le Nez, c'est l'expression des facultés du raisonnement chez l'homme; c'est l'organe qui précède, qui éclaire, qui annonce, qui sent et qui indique. Le nez visible correspond au nez impalpable, que tout homme porte en soi en venant au monde. Si donc, dans le cours d'un nez, quelque partie se développe, imprudemment, au préjudice des autres, elle correspond à quelque lacune de jugement, à quelque pensée nourrie au préjudice des autres. Les coins de ma bouche pincée et pâle ont les plissements d'un linceul. Elle est assez rapprochée du nez pour en prendre conseil avant de discourir à la légère et, suivant le dicton, comme une corneille qui abat des noix.

Sans mon menton, qui me trahit, je serais un homme d'action; mais un Saturne sénile, sceptique et lunatique, l'a rentré comme d'un coup de faux. La couleur et la qualité de mon poil sont dures comme celles de mes pairs encontemporanéité symbolique. Mon oreille, finement ourlée et longue comme celle des Chinois, notifie mon esprit minutieux.

Ma main est stérile; la Lune et Mercure s'en disputent les bas-fonds; mon grand médium noueux, spatulé, chargé de ratures à sa deuxième phalange, les laisse faire, en son nonchaloir. L'horizon de ma main est brumeux et triste; des nuages, formés par Vénus et Apollon, en ont rarement brouillé le ciel ; la volonté de mon pouce repose sur un mont hasardeux : c'est là que Vénus indique ses velléités. La paume, seule, est positive comme celle d'un manœuvre : les doigts peuvent se replier en dessus, comme ceux des femmes, avec une certaine coquetterie qui sent de plusieurs stades sa parfaite éducation. Je suis, d'ailleurs, le fils unique du petit docteur AMOUR BONHOMET, si connu par ses mornes aventures dans les Mines.

Depuis que je me connais j'ai toujours porté le même genre de vêtements, approprié à ma personne et à ma démarche. Savoir : un feutre noir, à larges bords, à l'imitation des quakers et des poètes lakistes ; une vaste houppelande fermée et drapée sur ma poitrine, comme mes grandes phrases le sont habituellement sur ma pensée; une vieille canne à pomme de vermeil; un volumineux solitaire, — diamant de famille, — à mon doigt de Saturne. Je rivalise avec les vieillards de roman pour la précieuse finesse et la délicieuse blancheur de mon linge; j'ai l'honneur de posséder les pieds mêmes du roi Charlemagne dans mes bottes Souwaroff, avec lesquelles je méprise bien le sol; j'ai presque toujours ma valise à la main, car je voyage plus qu'Ashavérus. *A moi seul j'ai la physionomie de mon siècle, dont j'ai lieu de me croire l'ARCHÉTYPE.* Bref, je suis docteur, philanthrope et homme du monde.

Ma voix est tantôt suraiguë, tantôt (spécialement avec les dames) grasse et profonde : le tout sans transition, ce qui doit plaire. — Rien ne me rattache à la société, ni femmes, ni parents d'aucune espèce, —

j'en ai, du moins, l'espérance; — mon bien est en viager : j'entends le peu qui me reste. Ma carte de visite est ainsi conçue :

> LE DOCTEUR
>
> TRIBULAT BONHOMET
>
> EUROPE.

Voici maintenant mes particularités morales :

Les mystères de la science positive ont eu, depuis l'heure sacrée où je vins au monde, le privilège d'envahir les facultés d'attention dont je suis capable, souvent même à l'exclusion de toute préoccupation humaine. Aussi les infiniment petits, les *Infusoires,* comme les a nommés Spallanzani, mon maître bien-aimé, furent, dès l'âge le plus tendre, le but et l'objet de mes recherches passionnées. J'ai dévoré, pour subvenir aux nécessités de mes profondes études et de mes agissements, le patrimoine énorme que m'avaient légué mes ancêtres. Oui, j'ai consacré les fruits mûrs de leurs sueurs séculaires à l'achat des lentilles et des appareils qui mettent à nu les arcanes d'un monde momentanément invisible!

J'ai compilé les nomenclatures de tous mes devanciers. *Non est hic locus* de s'appesantir sur les lumières que j'ose croire y avoir apportées; la postérité délivrera son verdict à ce sujet, si jamais je lui en fais part. Ce qu'il est important de constater, c'est que l'esprit d'*analyse,* de *grossissement*, d'*examen minutieux* est tellement l'essence de ma nature, que toute la joie de vivre est confinée pour moi dans la classification précise des plus chétifs ténébrions, dans la vue des enchevêtrements bizarres, pareils à une écriture très ancienne, que présentent les nerfs de l'insecte, dans le phénomène du raccourci des horizons, qui demeurent immenses selon les proportions de la rétine où ils se reflètent!... La réalité devient alors visionnaire — et je sens que, le microscope à la main, j'entre de plain-pied dans le domaine des Rêves!..

Mais je suis jaloux de mes découvertes et je me cache profondément de tout cela. Je hais les profanes, les squalides profanes, jusqu'à la mort. Lorsqu'on me questionne à ce sujet, JE FAIS LA BÊTE. Je m'efforce de passer pour un chiragre! Et je concentre mes délices en songeant comme j'assombrirais les visages si je disais ce que mes instruments m'ont laissé entrevoir de surprenant et d'inexploré!... Laissons cela; j'en ai peut-être déjà trop dit...

Mes idées religieuses se bornent à cette

absurde conviction que Dieu a créé l'Homme et réciproquement.

Nous sortons d'*on ne sait quoi :* la Raison n'est que douteuse. J'ajouterai, pour être franc, que la Mort m'étonne encore plus que sa triste Sœur; c'est, vraiment, la bouteille à l'encre !... En elle, tout doit résulter, nécessairement, *d'un mode de logique inverse* de celui dont nous nous satisfaisons, en grommelant, dans le « *decursus vitæ* » et qui n'est évidemment que provisoire et local.

Quant aux *fantômes,* je suis peu superstitieux; je ne donne pas dans les insignifiantes balivernes des *intersignes,* à l'instar de tant d'hurluberlus, et je ne crois pas aux singeries frivoles des morts; entre nous, cependant, je n'aime pas les cimetières ni les lieux trop sombres — ni les gens qui exagèrent !... Je ne suis qu'un pauvre vieillard, mais si Pluton m'avait fait naître sur les marches d'un trône, et s'il suffisait, à présent, d'un mot de moi pour que s'opérât le parfait carnage de tous les fanatiques, je le prononcerais, je le sens, « en pelant un fruit », comme dit le poète.

Néanmoins, — je suis forcé de l'avouer, — je suis sujet à un mal héréditaire qui bafoue, depuis longtemps, les efforts de ma raison et de ma volonté ! Il consiste en une *Appréhension*, une ANXIÉTÉ sans motif précis, une AFFRE, en un mot, qui me prend comme une crise, me fait savourer toute l'amertume d'une inquiétude brusque et infernale, — et cela, le plus souvent, à propos de futilités dérisoires !

N'est-ce pas de quoi grincer des dents, que de se sentir l'âme empoisonnée aussi mortellement que voilà ? Cela me confond quand j'y songe.

Étant un esprit cultivé, je me rends facilement le compte le plus clair de toutes choses : mais, — c'est singulier ! — j'ai beau m'expliquer, par exemple, en acoustique, — et même, en physique, à l'aide de deux extrêmes soudains du froid et du chaud, — le bruit du vent, — eh bien ! quand j'entends le Vent, j'ai peur. Aux mille tressaillements du Silence, — produits par les causes les plus simples, — je deviens livide.

Toutes et quantes fois que l'ombre d'un oiseau passe à mes pieds, je m'arrête, et, posant par terre ma valise, je m'essuie le front, voyageur hagard ! Alors je reste oppressé sous le poids d'une inquiétude nerveuse, — pitoyable ! — du ciel et de la terre, des vivants et des morts. — Et, malgré moi, je me surprends à vociférer : — Oh ! oh ! que peut signifier ce caravansérail d'apparitions, tenant leur sérieux pour disparaître incontinent ? —

L'univers est-il oiseux?... L'Univers dévorateur — chaîne indéfinie où les pieds de l'un craquent entre les mâchoires de l'autre — est-il destiné lui-même à la voracité de quelque Eon? Quel sera son ver de terre? Réponds-moi, bruit du vent, oiseau qui passes!... et toi qui le sais, ô Silence!

Telles sont les lubies inconcevables, jaculatoires, poétiques et, par conséquent, grotesques, qui me hantent et qui troublent la lucidité de mes idées. C'est une simple maladie; — je suis un angoisseux. Je me suis traité par les douches, le quinquina, les purgatifs, les amers et l'hydrothérapie; — je vais mieux, beaucoup mieux! — Je commence à me rassurer et à reconnaître que le Progrès n'est pas un rêve, qu'il pénètre le monde, l'illumine et, finalement, nous élève vers des sphères de choix, seules dignes des élans mieux disciplinés de nos intelligences.

Cela ne fait plus question, aujourd'hui, pour les gens de goût.

J'ai bien encore quelques accès !...

Dans le monde, je dissimule cette émotion par bon ton. S'il m'arrive, dans quelque raoût, de deviser trop longtemps avec une dame, à un moment donné, elle ne sait pas, — non, heureusement, je le vois dans ses yeux ! — elle ne sait pas qu'à l'instant même où je laisse fondre, en souriant, un bonbon innocent de ma joue droite à ma joue gauche, avec un bruit tendre et sirupeux et en traitant les autres de « fanatiques », elle ignore, dis-je, qu'à ce moment-là même, — un minuit ébranle en moi des glas rouillés, profonds, lugubres ! *et que ce Minuit-là sonne plus de douze coups !*

Maintenant, j'ai une manie, adoptée depuis des années comme voile de mes travaux préférés.

Elle me permet d'aller dans les sociétés, d'y confabuler avec les hommes, les femmes et les petits enfants et d'en être bien accueilli. J'ose à peine la nommer, tant je redoute une raillerie déplacée : je veux parler de la manie de *Faire des mariages*. La brochette de mes décorations ne provient pas d'une autre source.

Voici pourquoi j'ai adopté cette manie : c'est extrêmement simple.

Et, d'abord, disons mon faible pour Voltaire, ce créateur de Micromégas (page immortelle), où bon nombre de mes innombrables découvertes sont, pour ainsi dire, pressenties. Toutefois, mon admiration pour ce précieux écrivain n'est pas servile ; chacun doit chercher, en effet, à se développer par lui-même, au mépris profond de ses maîtres et de tous ceux qui, l'ayant élevé, ont cherché à lui inculquer leurs idées propres.— Ce que j'estime dans Voltaire, c'est cette habileté vantée dans Pozzo di Borgo et dans Machiavelli, — mes maîtres bien-aimés, — qui consiste à fouler aux pieds tout respect de son semblable sous les dehors d'un dévouement humble jusqu'à l'obséquiosité. Parfaites apparences dont le terme suprême serait de rendre réellement service ! Je recommande, en passant, cette manière d'entendre la charité. C'est la seule digne d'être appelée sérieuse : elle sert à cacher ses occupations réelles. — Or, je ne me soucie pas qu'on sache que je m'adonne, corps et âme, aux *Infusoires*, moi ! Les visites, les questions, les consultations et les compliments m'empêcheraient d'apporter la concentration désirable dans mes vertigineux travaux. — D'autre part, comme il faut bien *que je parle*, quand il m'arrive d'être en quelque société, je m'empresse de parler à chacun de ce qui doit le préoccuper le plus — afin d'éviter toute. question sur la nature de mes investigations scientifiques : — et n'est-ce pas, presque toujours, le *mariage* de soi ou des siens qui préoccupe le plus les risibles enfants de la Femme ? Ça tombe sous le sens ! Et voilà comment, sans grands frais d'imagination, je me suis glissé dans l'intimité de beaucoup de gens ! et comment j'ai fait, — miraculeusement aidé par le Hasard, — quantité de mariages.

Les unions qui se sont accomplies sous mes auspices ont été favorisées du Ciel, — bien que, maintes fois, dans ma précipitation, j'aie marié, comme on dit, au pied levé, les uns pour les autres ; — enfin, tout s'est bien passé : — toujours. — Sauf une seule fois ! — Et c'est sur le couple étonnant que j'ai rivé en cette union, que mon but est d'appeler l'attention de tous.

Dois-je même affirmer, qu'à tout prendre, il ne fut pas *heureux*, cet hymen, dont la crise définitive, — crise innommable!... — a donné lieu à ma découverte la plus capitale? Je serais un ingrat vis-à-vis du Destin si j'avais l'impudence de le penser une seconde! La Science, la véritable Science, est inaccessible à la pitié : où en serions-nous sans cela? Aussi, — bien que cette affaire ait été pour moi la source d'une ample damnation, — d'une frayeur sans nom qui a bouleversé ma cervelle au point que je sais à peine ce que j'écris, — que j'en suis venu, moi, le docteur Bonhomet, professeur de diagnôse, à douter de ma propre existence — et même de choses beaucoup plus certaines encore à mes yeux, — je maintiens mes opinions sur Voltaire!... Je ne me repens pas!... Je me lave indifféremment les mains d'avoir parachevé cette catastrophe épouvantable! — Et je me pique d'être encore l'une des plus belles âmes échappées des mains du Très-Haut. Tous les hommes vraiment modernes, tous les esprits qui se sentent « dans le mouvement » me comprendront.

Je vais me borner au rapide exposé des faits, tels qu'ils se sont présentés et classés d'eux-mêmes. Commentera l'histoire qui voudra, je ne la surchargerai d'aucunes théories scientifiques : ainsi son impression générale dépendra des proportions intellectuelles fournies par le Lecteur.

CHAPITRE II

SIR HENRY CLIFTON

> La ville, estompée par la brume et les molles lueurs de la nuit, me représentait la terre, avec ses chagrins et ses tombeaux, — situés loin derrière, mais non totalement oubliés ! »
>
> THOMAS DE QUINCEY (*Confessions*).

Vers la fin du mois de juillet 1866, à l'issue d'un dîner de gala que nous avait offert le capitaine du brick de commerce anglais le *Wonderful*, faisant voile pour les côtes de Bretagne, je liai conversation, en prenant le café, avec mon voisin de table, le lieutenant

Henry Clifton ; c'était un homme d'une trentaine d'années, d'une figure ombrée du hâle des hommes de mer. L'expression de ses traits réguliers m'était sympathique et sa réserve habituelle le rendait sociable pour moi.

Ce soir-là, dis-je, nous liâmes conversation, car les quelques rapports de causerie, d'officier de marine à simple passager, avaient été fort succincts, entre nous, depuis le commencement de la traversée. Nous venions des côtes d'Irlande et, plongé dans l'étude de mes chers infusoires, j'étais resté, la plupart du temps, à fond de cale, expérimentant les vieilles saumures.

Nous échangeâmes quelques paroles touchant notre arrivée à Saint-Malo, fixée au lendemain ; puis, — les fumées du vin et des lumières nous ayant suffisamment troublé l'esprit, — nous montâmes respirer sur le tillac où nous allumâmes nos cigares.

Je m'étais abstenu, durant le banquet, de me mêler à la discussion politique — (toujours si animée en ces occasions), — qui avait éclaté, naturellement, aux entremets.

Ce genre de discussions ne me paraît intéressant qu'avec les dames.

Hé ! qui serait, alors, insensible à leurs fins sourires, à leurs exclamations intempestives et gracieuses, à leur air entendu, aux louables efforts de leurs prunelles pour paraître pénétrantes, inquiètes, surprises, etc.!... Je le répète : la discussion politique avec les dames est une chose captivante et qui donne à songer.

Afin de mériter leur estime et leur confiance, ma physionomie devient alors plus bienveillante, plus paternelle, plus tendre que de coutume ! et je leur débite gravement, en baissant les yeux, les absurdités les plus révoltantes, que mes cheveux blancs font vénérer. De sorte que mes moindres paroles font foi près du sexe enchanteur.

Du reste, la conversation politique serait tout aussi amusante avec le sexe fort si celui-ci savait y apporter la grâce et l'engouement désirables ; — car je n'ai jamais entendu personne rien prévoir de vraiment sérieux en fait d'événements.

Sir Henry Clifton, lui aussi, n'avait pas desserré les lèvres ; ce qui fait que j'avais de lui une haute opinion : rien ne me paraissant plus difficile que le silence à son âge. En politique, il devait, présumai-je, partager mes idées, et je puis les notifier ainsi :

Par tout pays, tout citoyen, digne de ce nom, dispose, entre ses travaux et ses repas, d'environ trois heures de loisir par jour. Il comble, à l'ordinaire, ces moments de répit à l'aide d'une petite causerie, digestive et innocente, sur les affaires de sa patrie. Or,

s'il ne se passe rien de marquant ni de « grave ». sur quoi pourra-t-il fonder sa discussion ?
— Il s'ennuiera, faute de sujet d'entretien :
— et l'ennui des citoyens est fatal presque toujours aux chefs des États. Le bras est près de foncti onner quand la langue est oisive, et, comme il faut remplir les trois heures précitées, le ca useur d'hier devient l'émeutier d'aujourd'hui. Voilà le triste secret des révolutions.

Il me paraît donc du devoir de tout bon gouvernement de susciter, le plus souvent possible, des guerres, des épidémies, des craintes, des espérances, des événements de tout genre (heureux ou malheureux, peu importe), des choses, enfin, capables d'alimenter la petite causerie innocente et digestive de chaque citoyen.

Après vingt, trente, quarante années de *qui-vive !* perpétuel, les rois ont détourné l'attention : ils ont régné tranquillement, se sont bien amusés, et tout le monde est content. Voilà, selon moi, l'une des définitions principales de la haute diplomatie : occuper l'esprit des citoyens, à quelque prix que ce soit, afin d'éviter soi-même toute attention, quand on eut l'honneur de recevoir des mains de Dieu la mission de gouverner les hommes ! Et Machiavelli, — mon maître bien-aimé — (je pleure en prononçant ce nom), — n'a jamais trouvé une formule plus nette que celle-là ! On conçoit donc mon indifférence pour les événements, les soudainetés politiques et les complications des cabinets de l'Europe ; je laisse l'intérêt des controverses qu'ils suscitent à des esprits cariés par une soif natale de perdre le temps.

Je louai donc *in petto* sir Henry Clifton pour sa réserve et pour sa manière silencieuse de boire.

Sir Henry Clifton était vraiment dans un état plus prononcé que le « gris d'officier » ; il possédait la couleur complémentaire, et je vis que le chapitre approchait des expansions sentimentales.

Moi, j'avais tout mon sang-froid, et je guettai ma victime. La nuit était couverte d'étoiles. Le vent nord-ouest fraîchissait et nous poussait doucement ; la lanterne rouge du banc de quart illuminait l'écume et la buée d'argent des flots contre le bois du navire. Par instants les hurrahs du punch des officiers nous parvenaient, à travers l'entrepont, mêlés aux immenses bruits de la houle.

Le voyant silencieux, je craignis une question sur mon genre de vie et — peut-être — sur mes travaux !... J'entamai donc la conversation, suivant mes procédés irrésistibles :

— Oui, tenez, dis-je, mon jeune ami ! Parbleu ! j'ai votre affaire ! Dois-je vous l'avouer ? — J'y songe depuis que j'ai eu le véritable plaisir de vous serrer la main. — (Ici, je baissai la voix en regardant vaguement devant moi comme un homme qui se parle à lui-même) : — C'est là, j'en risquerais la gageure, ce qui vous convient. — Personne capable ! — Veuve aventureuse, expérimentée, toutefois ! — Une belle femme ! — Caractère de seconde main ! — Fortune, — oh ! fortune des *Mille et une Nuits !...* C'est le mot. — Oui, ajoutai-je, — (et je levai brusquement les sourcils en fixant des yeux ternes sur son épaulette), — oui, c'est là tout à fait votre affaire.

Après une certaine stupeur — prévue :

— Ah ! ah ! s'écria sir Henry Clifton, en secouant, par contenance, avec son petit doigt, la cendre de son cigare. Ah ! Ah ! L'excellent, le malin docteur ! — Du diable, si je comprends !

Ce fut avec mansuétude que je posai la main sur son bras, et que, les yeux absolument noyés dans l'espace céleste, je lui soufflai dans l'oreille :

— Une présentation, sauf obstacle, peut avoir lieu lundi, dans la journée, de une heure à deux — et votre hymen serait perpétré dans les six semaines ; du moins, j'engagerais ma pauvre tête à couper ici, sur l'étambot, que je ne fais pas erreur !

Il me prit les mains, tout ébahi : le poisson mordait ; j'avais évité les questions scientifiques.

— Je crois comprendre, enfin, — balbutia-t-il après un silence, — que vous me proposez quelque chose comme...

Il s'arrêta par une pudeur dont je lui sus gré.

— Une femme légitime, lieutenant.

— Une femme !... acheva-t-il d'une voix

mal assurée et même agitée d'un tremblement.

— Et pourquoi pas, lieutenant ? répliquai-je, flairant un mystère ; votre métier de marin — (art difficile ! noble partie ! carrière notable...) — interrompis-je par une habitude machinale. — n'est pas incompatible avec un foyer lointain. Il est des nœuds plus doux que ceux... que vous avez l'habitude de filer !... ajoutai-je en souriant agréablement. Toutefois, si vous n'étiez pas disposé, — restons-en là ; plus un mot.

Il y eut une pause d'un moment ; puis, tout à coup, et comme après réflexion suffisante :

— Monsieur !... me dit-il en se reculant un peu.

Puis, pensant probablement : « c'est un original, » et résorbant ses idées :

— Je vous remercie de la bonne volonté,

reprit Clifton ; et même, docteur, cela mérite une confidence.

Nous y étions. Le Consta ce allait agir sur le trop impressionnable enfant. Je dressai componctueusement l'oreille.

— Il est douteux, continua-t-il, que nous nous retrouvions jamais. Eh bien ! je refuse vos offres excellentes paerfence qu'il est u mme dont je n'oublierai jamais les traits tant que mon être durera.

— Ah !... dis-je d'un ton béat : fort bien ! Je comprends ceci : — le contraire même pourrait me surprendre ! ajoutai-je à demi-voix ; mais, permettez-moi de vous le dire :

— (Ici je me levai et je fis de grands gestes de désolation) : — Ah ! c'est dommage ! c'est vraiment dommage !

Ce qu'il y avait de diabolique en moi, c'est que j'ignorais totalement quelle femme je pouvais lui offrir et que ma principale préoccupation était seulement d'éviter toute question relative aux *Infusoires*.

— Et elle est mariée ! murmura sir Henry Clifton, à voix basse, comme à lui-même.

Je sentis mes yeux se mouiller de larmes.

— Puis-je vous être utile ?... lui demandai-je, à tout hasard, avec une tendresse profonde.

Et j'ajoutai lestement, à voix basse :

— C'est que je ne suis pas manchot dans les négociations embrouillées, moi !

Il y eut un moment de silence des plus singuliers, durant lequel je me sentis observé par ce jeune homme. Il balançait, peut-être, entre me souffleter ou m'embrasser. Je savais d'avance que l'interprétation décisive de mes paroles me serait, en ses esprits, favorable.

— Merci, — mon ami, mon vieil ami, — finit-il par articuler d'un ton dont l'émotion violente fut douce à mon âme; mais la pauvre femme ne doit plus me revoir. — Me revoir! reprit-il avec amertume; ses yeux malades ne me reconnaîtraient plus : elle est, sans doute, aveugle en ce moment où je parle! Oui! oui, c'en est fait de ses pauvres yeux!...

Et il mit son front, ébriolé sans doute encore, entre ses mains.

A ces mots, j'ôtai avec lenteur mon cigare de ma bouche, — et je jetai, dans l'ombre, à sir Henry Clifton, un coup d'œil horrible : car, — je ne sais pourquoi, vraiment! — le jeune homme venait de me faire songer à ma belle et étrange amie, — aux *yeux* malheureux de ma digne amie, madame Claire Lenoir.

Je tirai silencieusement ma montre et me levai :

— Au plaisir de vous revoir, mon jeune lieutenant! m'écriai-je. Vous avez vos secrets :

il est des moments où l'on doit préférer la solitude et je sais les respecter...

Il me serra la main sans relever la tête. Je boutonnai bien ma houppelande, à cause du vent, — et je descendis dans ma cabine, abandonnant sir Henry Clifton à ses rêveries, sous la protection et l'inspiration spéciales de la nuit, du vin de Constance et de la mer.

CHAPITRE III

EXPLICATIONS SURÉROGATOIRES

« Ce qui voit, en nos yeux, veille et se cache en
deçà du fond de nos prunelles d'argile. »
LYSIANE D'AUBELLEYNE.

Je me couchai à la hâte. Mon hamac, balancé par le tangage, berçait mes réflexions dans l'obscurité : je m'accoudai.

C'était précisément chez les Lenoir que je me proposais de m'arrêter une quinzaine, à mon débarquement. Une lettre datée de Jersey les avait prévenus ; ils devaient m'attendre.

Les avais-je revus depuis leurs noces ? depuis plus de trois années ? — Non, du tout.
— J'ai fait pressentir plus haut, il me semble, que j'avais trempé dans leur mariage : en effet, durant un assez long séjour que j'avais fait autrefois dans les Pyrénées, à Luchon, pour ma santé, j'avais connu la famille de Claire. Intègre et accueillante famille de négociants, s'il en fût ! — Leur fille unique était, lorsque les circonstances nous mirent en rapport, une fort belle personne de vingt ans, je crois, et dont le genre de beauté séduisait. Elle avait les cheveux châtains; la physionomie belle; le teint d'une blancheur de jade et d'une transparence parfois presque lumineuse.

L'os frontal était malheureusement assez large, et décelait une capacité cérébrale inutile et nuisible chez une femme.

Les yeux étaient d'un vert pâle. Des promenades dans les montagnes et les rochers avaient exposé ses prunelles — ses grandes prunelles ! — au vent sablonneux et ardent qui vient du Midi. Sa vue, déjà naturellement faible, s'était profondément altérée, et bientôt le verdict unanime des médecins l'avait condamnée à une cécité précoce.

Mais, en rêvant un jour à cette similitude de nom qui se produisait entre les Lenoir, de Luchon, et mon vieux camarade le docteur Césaire Lenoir, de Saint-Malo, l'idée me vint que Claire, au lieu de s'appeler mademoiselle, pourrait s'appeler madame Lenoir, sans grande difficulté.

Pourquoi pas?

J'écrivis sur-le-champ à cet excellent Césaire, qui se hâta d'accourir à Luchon. Cette coïncidence de nom fut habilement exploitée par moi comme prétexte d'une présentation formelle. Césaire était un homme de quarante-deux ans, à peine ; le mariage fut bientôt consommé. Je me frottai glorieusement les mains, ayant fait deux heureux.

Lenoir emmena sa femme à Saint-Malo, dans sa propriété de faubourg, rue des Mauvaises-Pâleurs, 18, sa résidence accoutumée ; ses lettres m'indiquaient de temps à autre que le bonheur de son ménage, — à part la cécité menaçante de Claire, — n'était troublé par aucun souci.

Comment sir Henry Clifton, l'aimable, le noble enfant des mers, pouvait-il avoir connu la jeune dame ? Pouvais-je affirmer — (en supposant que c'était bien de Claire Lenoir qu'il entendait parler), — pouvais-je affirmer, dis-je, qu'elle avait failli à ses devoirs ? Non ! Une telle pensée était hideuse ; j'étais un visionnaire.

D'ailleurs, Claire, la belle Claire, était, si ma mémoire ne m'abusait pas, une femme de recueillement et d'étude : une métaphysicienne, que sais-je? Une savante! Une créature impossible! Une extatique! Une ergoteuse! Une phraseuse! Une rêveuse.

— Allons! ce ne pouvait être *elle* que le lieutenant avait voulu flétrir d'une accusation d'adultère.

Là-dessus, je me souris à moi-même, en ramenant mon drap sur ma tête; je haussai les épaules à l'endroit du jeune Anglais — et m'endormis.

CHAPITRE IV

L'ENTREFILET MYSTÉRIEUX

> D'ailleurs, en ce temps léthargique,
> Sans gaieté comme sans remords,
> Le seul rire encore logique
> Est celui des têtes de morts.
>
> PAUL VERLAINE.

La cloche d'arrivée me réveilla. Nous étions dans le port de Saint-Malo. C'était sur les onze heures, à peu près ; il faisait beau soleil. Je pris ma canne et ma valise, je sautai sur le pont, et, avec le flot des voyageurs, je me précipitai sur la jetée, les bottes maculées par l'écume des mers.

Ma première action, en touchant le sol de mon illustre patrie, fut d'entrer dans ce café d'où le regard embrasse toute la rade, et, au loin, le tombeau d'un ancien ministre de Charles X, le vicomte de Châteaubriand, — dont quelques travaux ethnographiques sur les Sauvages ont, paraît-il, été remarqués. Je demandai ma dose d'absinthe habituelle, énorme d'ailleurs; puis, me laissant tomber assis, je saisis avec une distraction nostalgique le premier journal qui me vint crier sous les doigts.

C'était une feuille locale : — une gazette salie, oubliée, déchirée, d'une date déjà ancienne. Elle traînait là, — près de moi, — sur la banquette rouge. Et, maintenant, que j'y songe, il me revient, distinctement, que le garçon voulut me l'arracher des mains pour m'en donner une autre plus récente, — et que je lui résistai par le mouvement machinal de tout homme auquel on veut prendre ce qu'il tient.

En parcourant le journal, mes regards s'arrêtèrent sur un entrefilet situé entre un nouveau cas d'empiètement du parti clérical, — judicieusement signalé par le gazetier, — et une recette infaillible contre les maux d'oreilles les plus invétérés, recette que préconisait quelque empirique de passage.

Voici l'entrefilet :

« L'Académie des Sciences de Paris vient de constater l'authenticité d'un fait des plus surprenants. Il serait avéré, désormais, que les animaux destinés à notre nourriture, tels que moutons, bœufs, agneaux, chevaux et chats, conservent dans leurs yeux, après le coup de masse ou de coutelas du boucher, l'empreinte des objets qui se sont trouvés sous leur dernier regard. C'est une vraie *photographie* de pavés, d'étals, de gouttières, de figures vagues, parmi lesquelles se distingue presque toujours celle de l'homme qui a frappé. Le phénomène dure jusqu'à décomposition.

« Comme on le voit, l'Ignorance va s'amoindrissant; cette découverte figurera noblement parmi ses compagnes au catalogue déjà sérieux de ce siècle de lumières. »

Que je connusse antérieurement ce fait jusque dans ses particularités appliquées récemment à la police de l'Amérique du Nord — et au *puff* de la même contrée, — c'est là ce qui, je l'espère, ne saurait laisser l'ombre d'un doute dans l'esprit du Lecteur. Mais ce qui me frappa, ce fut un phénomène *personnel* qui se produisit, alors, en moi, à cette lecture; savoir un certain caractère *d'à-propos* sous lequel le fait m'apparut en ce moment — et ainsi accommodé par quelque misérable loustic de province.

Cette dépravation sensorielle pouvait tenir de la fatigue nerveuse, morale et physique, due à mon voyage : je me laissai donc aller à l'examen de moi-même : — puis, machinalement, je relevai les yeux... et la direction de mon regard tomba sur un homme debout contre un mât de misaine, les bras croisés, à deux cents brasses de moi : je reconnus le noble lieutenant.

Nos yeux se rencontrèrent à l'unisson, et nous détournâmes spontanément la vue l'un de l'autre, comme avec malaise. Pourquoi ?... Ni lui ni moi ne le saurons jamais.

Pour couper court aux pensées ternes qui commençaient à monter en mon esprit, je me levai en sursaut, j'avalai l'absinthe d'un trait ; puis, tournant les talons à la guinguette, je me mis à arpenter vivement le chemin des faubourgs maritimes où habitaient les époux Lenoir, — chemin quasi perdu et désert à cette heure de la journée.

Le soleil me brûlait : je m'arrêtai, de temps à autre, pour essuyer mon front et pour jeter autour de moi un coup d'œil inquiet.

CHAPITRE V

LES BÉSICLES COULEUR D'AZUR

Beaux yeux de mon enfant, arcanes adorés,
Vous ressemblez beaucoup à ces grottes magiques
Où, derrière l'amas des ombres léthargiques,
Scintillent vaguement des trésors ignorés.
Charles Baudelaire, *Spleen et Idéal.*

Une demi-heure après, j'étais devant une maison de campagne isolée, l'habitation du bon docteur Césaire, mon meilleur ami. Je dis le « docteur » par façon de parler : car Lenoir était, au fond, un âne bâté, un oison bridé en personne. naturelle, s'il en fût un sous le Soleil ! — J'agitai donc la cloche : un domestique des plus âgés vint m'ouvrir, escorté d'un énorme basset à poils roux, qui devait joindre, dans la maison, les fonctions de chien de garde à celle d'étrangleur de messieurs les rats.

Le domestique m'introduisit dans la salle à manger, me pria d'attendre et sortit.

C'était une salle ordinaire de rez-de-chaussée. Par la fenêtre, ouverte sur le jardin, entrait une fraîche odeur d'arbres. Portrait d'aïeule sur la muraille ; lampe et son abat-jour sur la grande table recouverte d'un tapis. Sur la cheminée, une glace profonde et limpide, en son cadre de chêne sculpté, reflétait le vieux Saxe de la pendule et d'anciens candélabres. — Et cette salle était pénétrée d'une quiétude provinciale, d'un calme d'isolement. J'étais resté debout, mon chapeau et ma canne d'une main, ma valise de l'autre. Je savourai l'ensemble de cette fraîcheur silencieuse, pleine d'échos.

Puis, faisant demi-tour sur moi-même :

— Voilà des heureux ! pensai-je.

Ce mouvement m'avait amené devant la glace ; j'y vis la porte s'ouvrir sans bruit, derrière moi, et donner passage à un être dont l'aspect me causa quelque saisissement.

C'était une femme enveloppée d'une robe de chambre de velours vert, à glands grenat ; deux longues boucles de cheveux châtains tombaient, à la Sévigné (1), sur sa poitrine ; elle avait sur les yeux une paire de lunettes d'or, dont les énormes verres bleuâtres, — ronds comme des écus de six livres, — cachaient presque ses sourcils et le haut de ses pommettes pâles. Elle venait,

---

(1) Inutile de rappeler, n'est-il pas vrai ? que nous ne répondons pas des *façons de voir*, même physiques, du Docteur. Il a ses appréciations *à lui*, que nous n'avons à nous permettre de rectifier en rien, — supposé qu'il y ait lieu, dans ses dires, de « rectifier » quoi que ce soit.

montrant ses dents avec un sourire intentionnel et des airs d'apparition. Je l'ai dit et je le redis encore : sa vue, à l'improviste, me remplit de saisissement.

— C'est donc vous, monsieur le voyageur ! me dit Claire Lenoir d'une voix mordante et vibrante comme le son de l'argent. Nous sommes allés vous attendre, hier au soir, sur la jetée ! Posez cela, et buvez bien vite un verre de ce vieux madère ; Césaire va descendre dans un instant.

Une fois mes ustensiles posés dans un coin, à la hâte, je lui pris les mains :

— Vous ! murmurai-je ; — est-ce possible ?...

La jeune femme me toisa comme très surprise.

— Sans doute, me dit-elle, sans aucun doute ! Et d'où vient tant d'étonnement, mon très cher monsieur ? Je ne me savais pas changée à ce point ! — Ah ! s'écria-t-elle, tout à coup, en riant aux éclats, j'y suis ! Ce sont mes lunettes !... C'est vrai ! vous ne m'avez pas revue depuis le jour... Hélas ! mon ami, je me suis résignée à les porter, à mon âge, dans l'espérance d'une prolongation de la lumière !... Voyez ! voyez !

Et, soulevant de ses deux mains les grandes besicles, elle me laissa considérer ses *Yeux*.

Ils étaient d'un éclat si vitreux, si interne, que le regard avait le froid de la pierre ; ils faisaient mal. C'étaient deux aigue-marines.

— Baissez ! lui dis-je vivement ; un coup d'air trop subit serait dangereux.

Les grands cils retombèrent sur les prunelles.

— Je ne sais ce qu'ont mes yeux, dit-elle en m'obéissant ; mais je juge, aux clignements des paupières, que c'est autant dans l'intérêt des autres que dans le mien, que je dois porter ces lunettes épaisses.

Il y eut un silence.

Je compris que le moment était venu de glisser un madrigal, la situation me paraissant même l'exiger impérieusement ! Mais, au moment où j'ouvrais la bouche pour placer une comparaison avec les astres les plus énormes de la voûte céleste (aimés des anges nocturnes), un autre personnage apparut derrière la porte vitrée : c'était Lenoir.

Aussitôt qu'il m'eut reconnu, ses sourcils élevés et disparates se défroncèrent, il entra comme un boulet de quarante-huit, se précipita dans mes bras sans dire un mot, avec une franche expansion qui faillit me renverser.

Il m'étouffait.

— Me voilà ! lui dis-je, et je vois avec une joie véritable, mon cher Lenoir, que vous n'avez pas souffert des années ? Toujours fort et vigoureux ! ajoutai-je en souriant et en me palpant pour m'assurer si je n'avais pas quelque chose de cassé dans mon armature.

Il appela les domestiques, en s'essoufflant, pendant que sa femme me remplissait un verre de madère ; il fit monter mes effets dans la chambre qui m'était destinée. Après quoi, nous passâmes au salon et nous nous mîmes à causer.

CHAPITRE VI

JE TUE LE TEMPS AVANT LE DINER

> Tu te tairas, ô voix sinistre des vivants !
> LECONTE DE LISLE.

L'ameublement, les rideaux et les tapisseries de ce petit salon étaient d'un rouge sombre : des vases d'albâtre sur la cheminée. Dans l'ombre, une toile dans le style des élèves de Rembrandt ; de mauvais dahlias violets dans une coupe, sur le piano. Un petit vaisseau de guerre (œuvre des loisirs de mon ami), avec ses gréements et ses canons, était suspendu au plafond en guise de lustre. La fenêtre était ouverte, donnant sur le ponant et sur la mer.

Enfoui dans le canapé, entre Césaire et sa femme, je racontai, rapidement et à grands traits, mes voyages dans les cinq parties du monde, mes explorations au sommet des montagnes et dans les entrailles de la terre, depuis le sommet de l'Illimani jusque dans les profondeurs des mines de Poullaouën ; je parlai des djeysers ou volcans de boue de l'Islande, — du crâne pointu des Séminoles, — des rites de Jaggernaut, — des supplices chinois, dont la simple nomenclature emplirait un dictionnaire de la capacité de nos Bottin, — des sectes de sorciers qui dansent en Afrique avec des bâtons de soufre enflammé sous les aisselles, — du passeport tatoué sur mon dos que m'avait donné, en signe d'affection, Zouézoué-Anandézoué-Rakartapakoué-Boué-Anazenopati-Abdoulrakam-Penanntogômo V, roi des îles Honolulu et Moo-Loo-Loo, — des arbres indiens sur chaque feuille desquels est inscrite quelque pensée de Bouddha, du culte du serpent chez les cannibales de la Terre de Feu, — (serpent qui se contente de mordre l'ombre humaine sur le sable, au soleil, — pour faire mourir), des sucs de la ciguë crucifère du pôle austral, dont l'infusion donne toujours le même genre d'hallucinations et qui contient les reflets du monde antédiluvien ; — de la religion du Canada, qui consiste à croire que l'univers a été créé par un grand lièvre ; — des niams-niams ou hommes qui portent une queue de chimpanzé et qui se classent avant le gorille et au-dessous du nègre Caffre, dans l'échelle apparente des créatures, (ainsi que je le constate dans mon traité intitulé : *Du Têtard*), — du grand lama thibétain, dont le visage royal est toujours voilé depuis la naissance jusqu'à sa mort inclusivement, — du chef de tribu zélandais Ko-li-Ki (Roi des Rois), qui ne vit qu'en prélevant sur ses sujets (lorsqu'il passe à travers les huttes) de grands morceaux de chair, enlevés d'un coup de mâchoire, aux endroits friands ; — je parlai des grands arbres, des flots, des rochers et des aventures lointaines. Je tins le dé ; je renvoyai la balle ; j'agitai les grelots de la plaisanterie ; — je racontai avec aplomb toutes ces fadeurs ; — je parlai de ceci, de cela, de droite et de gauche, à tort et à travers, pensant, qu'après tout, c'était assez bon pour eux. — Bref, je fus charmant !

Ils avaient l'air stupéfait l'un et l'autre, et me considéraient comme s'ils ne m'eussent pas reconnu. J'avais pitié de ces provinciaux : de vrais *écoute s'il pleut!*.

Et puis, s'il faut tout dire, j'étais de fort

mauvaise humeur contre Lenoir, parce qu'il m'avait serré avec *trop* de tendresse entre ses bras musculeux : je n'aime pas les expansions grossières.

Le soir vint; les rayons du soleil couchant nous éclairèrent tous trois d'une lueur sinistre, au fond du salon rouge.

Pendant un moment de profond recueillement, le vieux domestique entr'ouvrit discrètement la porte et laissa tomber ces mots :

— Madame est servie.

On se leva. Je tendis le jarret, je fis la bouche en cœur, j'arrondis le bras et l'offris à Mme Lenoir, qui daigna s'y appuyer.

Césaire nous suivait, pensif, en pinçant, du bout de son pouce et de son index, son nez où il avait expédié une prise, à la dérobée. Son attitude méditative ne m'échappait pas, bien qu'il fût derrière moi, parce que, comme tous les gens de tact, j'ai deux yeux derrière la tête.

On apporta des candélabres allumés dont l'éclat se reflétait sur les verres, la nappe et les cristaux.

Nous nous assîmes ; nous déployâmes nos serviettes, avec une certaine solennité silencieuse due à l'atmosphère de ma conversation, et, après le premier verre de bordeaux, nous eûmes un sourire général.

CHAPITRE VII

ON CAUSE MUSIQUE ET LITTÉRATURE

> Un dîner bien caqueté.
> Mme DE SÉVIGNÉ.

A table, Claire parla musique avec une science que, vraisemblablement, je ne pouvais attendre d'une malheureuse femme.

Elle mentionna certain maître allemand, dont j'ai oublié le nom — et l'époque ; « Génie miraculeux ! » disait-elle, « mais seulement accessible aux intelligences initiées, aux humains complets. Ses œuvres traitent de légendes brabançonnes — d'un bâtiment posthume, — d'un virtuose guerroyeur enlevé par Celle qu'on révère à Paphos, — d'un nommé Tout-fou, — d'un Fatras mythologique en quatre séances, etc., etc. : ces dernières compositions paraissaient remplir Mᵐᵉ Lenoir d'une admiration inexplicable. Je me remémore très bien qu'elle nous parla d'un certain « *crescendo* en *ré* » où resplendissait (disait-elle en son enthousiasme d'enfant) le « terrible Hosannah ».

Elle spécifia, de plus, on ne sait quel *Chant de Pèlerins,* « dont la profonde lassitude avait quelque chose d'éternel ! » Ce chant la captivait jusqu'à la divagation. — A l'en croire, « il était, d'abord, étouffé sous les enlacements de rires aphrodisiaques, poussés par des syrènes moqueuses, apparues sous la lune, dans les roseaux. » Les circonstances se passaient « près d'une montagne enchantée ». Cela signifiait, tout bonnement, que les instigations câlines de nos passions obscurcissent parfois en nous, pèlerins de la terre, le souvenir de la patrie céleste : — pensée que jamais croque-notes n'est capable d'avoir, — on en conviendra, — (si puérile qu'elle soit, d'ailleurs !) — « Mais » ajoutait Mme Lenoir, « la mystique fanfare finissait par éclater et dominer triomphalement : une option réfléchie et décisive reprenait, dans la lumière du soir, l'hymne de gloire et de martyre, et précipitait la fuite des *ombres*, comme une authentique mission d'Espérance ! »

A cet énoncé, je sentis le fou rire me monter à la gorge. Il était évident que Mme Lenoir, abusant des privilèges de son sexe frivole, voulait se divertir à mes dépens. Je jugeai opportun de m'y prêter de bonne grâce et l'éloge de cet intrigant défraya le babil des deux premiers services.

Ensuite elle s'aventura dans la littérature : là, j'étais mieux sur mon terrain.

Aux îles Chinchas, — (si justement estimées pour leur engrais fameux), — pendant une maladie qu'il est inutile de nommer, j'avais pris quelques tomes pour combattre les ennuis nocturnes.

C'étaient deux ou trois ouvrages d'un écrivain prodigieux et qui avait gagné déjà son pesant d'or avec ses livres : — ce qui est, pour moi, comme pour les gens incapables de se repaître de mots, la meilleure des recommandations.

C'est la plume, à coup sûr, la plus féconde de notre beau pays, et, dans les cinq parties du monde, les notabilités des deux sexes se disputent ses produits, quels qu'ils soient.

J'ai oublié son nom : mais le genre de son talent (auquel s'efforcent en vain d'atteindre tous ses confrères), consiste à *gazer*, adroi-

tement, les situations les plus scabreuses !...
A frapper l'imagination du lecteur par un
enchaînement de péripéties émouvantes —
et logiques ! — où les personnages en relief
(quoique appartenant aux bas-fonds de la
société), élèvent le cœur, nourrissent l'esprit
et calment les consciences les plus inutilement scrupuleuses.

Ses héros intéressent principalement en ce
qu'ils ne meurent au *recto* que pour ressusciter au *verso*. Sur ces pages, que l'œil parcourt fiévreusement, se projettent à la fois les
ombres vénérables d'Orphée, d'Homère, de
Virgile et de Dante, — sinon de Chapelain,
lui-même, — et, pour me résumer, cet
homme, ce moraliste, représente, d'ores et
déjà, *la pure expression de l'Art moderne
dans sa Renaissance et sa Maturité*. Aussi
est-il goûté de tous. Et moi-même, depuis
cette époque d'exil aux es Chinchas, j'avais

hâte de venir poser un pied furtif et incertain sur la terre de France pour m'adonner tout entier à la lecture de ses nouveaux recueils, les feuilles publiques encombrées par son génie ne m'offrant, çà et là, que quelques bribes chues de sa forte plume autorisée.

J'avais pris, également, — (j'allais oublier de le dire) — deux ou trois volumes d'un ancien député français, ex-pair de France, — si je dois en croire ce que m'affirma, très étourdiment, le capitaine, — et les ouvrages d'un conteur américain édité à Richmond, dans la Caroline du Sud.

Je dois l'avouer : la prose du romancier sans second, du Moraliste des îles Chinchas, m'avait, vraiment, rafraîchi le cœur. Ses personnages, solides comme du bois, m'avaient rempli d'intérêt, — souventefois d'émotion, — notamment l'un d'eux, nommé, je crois, Rocambole. Je ne lui ferai qu'un reproche et encore avec la réserve de l'humilité : c'est d'être quelquefois, peut-être, un peu — métaphysique... un peu — comment dirais-je ? — un peu trop abstrait,... — enfin, — pour dire quelque chose, — un peu trop *dans les nuages*, comme le sont, malheureusement, tous les poètes.

— Ah! quand viendra-t-il donc un écrivain qui nous dira des choses vraies! — des choses qui arrivent ! — des choses que tout le monde sait par cœur ! qui courent, ont couru et courront éternellement les rues! des choses SÉRIEUSES, enfin! Celui-là sera digne d'être estimé du Public, puisqu'il sera la Plume-publique.

Quant à l'ancien député, ses « vers », suivant son étonnante expression, m'avaient échauffé la bile. C'était (autant que je puis m'en souvenir) une sorte de pot-pourri de légendes sans suite, et, comme on dit, sans rime ni raison. Il était question, là-dedans, de Mahomet, d'Adam et d'Ève, du Sultan, des régiments de la Suisse et des chevaliers errants : c'était, enfin, le capharnaüm le plus chaotique dont cerveau brûlé ait jamais conçu l'extravagance.

Quelques bons mots, ça et là, — quelques appréciations justes, ne le rendaient, à mes yeux, que plus dangereux pour les esprits faibles. Je ne conçois pas qu'on ait nommé député un pareil individu : ce recueil m'avait donné là, vraiment, une piteuse idée de notre belle langue française.

Parlerai-je de l'Américain ?... Celui-là m'avait paru, le gaillard, posséder quelques teintures de rhétorique !... Mais une chose qui m'a frappé c'est le *titre* de ses œuvres. Il les appelait, avec une certaine suffisance : « *Histoires sans pareilles !* » « *Contes extraordinaires !...* » etc.— J'ai lu toutes ces histoires et je me suis vainement demandé ce qu'il voyait d'extraordinaire dans tout ce qu'il racontait. C'était, en bonne conscience, le dernier mot du banal, — présenté, il est vrai, à la bourgeoise, — mais du banal ; et il m'endormit, maintes fois, délicieusement. J'en avais conclu que le titre avait été choisi par l'éditeur pour piquer la curiosité du vulgaire.

Claire Lenoir rougit beaucoup au nom du Moraliste des îles Chinchas, et m'avoua, toute confuse, qu'elle en entendait parler pour la première fois.

A cette naïve confidence, je l'enveloppai, naturellement, d'un regard oblique et presque vipérin, n'en croyant pas mes oreilles : pour une femme versée dans l'étude des Lettres et dans les questions abstruses de la philosophie, c'était là une triste réponse, on en conviendra ! — Que lisait-elle donc ?...

pensai-je. A quoi songeait cette petite tête évaporée ?

Néanmoins, sa franchise toute provinciale lui gagna mon indulgence, et point ne voulus abuser de la supériorité de mes connaissances vis-à-vis de ma charmante hôtesse.

Je me bornai donc à deviser du député et du conteur américain — (dont il est inexplicable que les noms m'échappent!...) — J'en devisai, dis-je, dans les termes d'appréciation sus-énoncés.

Mme Lenoir parut m'écouter avec la plus grande attention pendant quelque temps ; elle avait l'air d'ignorer totalement de qui je voulais parler. Mais lorsque j'eus précisé le *sujet* — (qui me revint fort à propos) — de quelques-unes des « légendes » du député et le *titre* de quelques-uns des « contes sans pareils » dus au bourgeois de la Caroline du Sud, elle tressaillit comme si elle se fût réveillée en sursaut et sa physionomie prit une expression très singulière ! — je puis l'affirmer !... par les démons ! — indéfinissable !... c'est le mot.

Elle fixa, d'abord, sur moi ses aigue-marines à l'abri de ses lunettes, et demeura comme saisie d'une vague stupeur. Puis, s'emparant de la carafe, elle remplit son verre, but une gorgée d'eau pure, reposa le verre devant son assiette, et, tout à coup, sans motif, elle jeta un éclat de rire musical et saccadé pendant que je la considérais avec une pitié soupçonneuse, en m'interrogeant, moi-même, sur ses facultés mentales.

Elle reprit bientôt des dehors plus décents et je l'entendis murmurer très bas, car j'ai l'oreille fine :

— Pourquoi rire ? Il est écrit : « Les morts ne vous loueront pas. »

Je ne sus, littéralement, que penser : je

regardai Césaire : il ne sonnait mot et dévorait un râble aux tomates en roulant des yeux noyés dans l'extase.

— Oui, c'est la mystérieuse Loi !... continuait la jeune femme, si bas que je l'entendais à peine, — il est des êtres ainsi constitués que, même au milieu des flots de lumière, ils ne peuvent cesser d'être obscurs. Ce sont les âmes épaisses et profanatrices, vêtues de hasard et d'apparences, et qui passent, murées, dans le sépulcre de leurs sens mortels.

Je la blâmai, dans mon cœur, de cette épigramme évidemment à l'adresse de son mari, mais je ne voulus point, par bon goût, paraître l'avoir entendue.

— Ha! ha!... voyez-vous, chère madame Lenoir, m'écriai-je, — je suis tout rond, moi !

— Il est d'autres êtres, continua-t-elle avec douceur, qui connaissent les chemins de la vie et sont curieux des sentiers de la mort.

Ceux-là, pour qui doit venir le règne de l'Esprit, dédaignent les années, étant possesseurs de l'Éternel. Au fond de leurs yeux sacrés veille une lueur plus précieuse que des millions d'univers sensibles, comme le nôtre, depuis notre équateur jusqu'à Neptune. — Et le monde, en son obéissance inconsciente aux Lois de Dieu, n'a fait que se rendre justice à lui-même et se vouer à la Mort, le jour où il s'est s'écrié : « Malheur à ceux qui rêvent ! »

Et elle murmura le mot (insensé, à tous égards), de Lactance, en son *De morte persecutorum,* — si bas, si bas ! que je le devinai plutôt que je ne l'entendis, cette fois :

— « *Pulcher hymnus Dei homo immortalis !...* »

Elle s'accouda, le menton dans la paume de sa belle main, comme oubliant notre présence.

Le compliment était sans doute exagéré : je suis loin d'être une aussi belle âme qu'elle voulait bien le donner à entendre : je me versai donc un ample coup de château-margaux, retour de l'Inde, et, à vrai dire, je me sentis un peu de compassion pour ce futile galimatias.

— Chère madame, répliquai-je galamment, j'ai toujours partagé les sentiments que vous venez d'émettre, envers ceux qui m'en ont semblé dignes, — et il est même dans mon tempérament de rendre service, d'une façon presque *inconsciente*, comme vous dites, aux bonnes natures que je rencontre sur mon chemin.

— Ah! vraiment, docteur? dit-elle.

— Oui, répondis-je, vraiment! — Et, tenez, il m'est arrivé, parfois, de lier connaissance avec des jeunes gens qui s'en allaient, à travers la vie, pleins d'enthousiasmes, le rire, le franc-rire aux lèvres, l'expansion et la joie dans le cœur !... Ah ! ces poètes ! ces doux enfants !... quel service j'ai su leur rendre !

Je m'arrêtai un instant pour savourer ces souvenirs.

— Eh bien ? murmura Claire en me regardant.

— Eh bien, ajoutai-je d'un ton paterne, je ne sais comment cela s'est fait, mais j'ai constaté que, dans ma fréquentation, *ils perdirent insensiblement l'habitude du rire — et même du sourire.*

Il me sembla, comme j'achevais cette phrase, que Claire avait eu le frisson, — ce frisson nerveux, indice de santé après les repas, — et que le vulgaire stupide appelle « la petite mort ».

Lenoir interrompit un instant ses travaux, releva la tête, et avec un sérieux bizarre, me

7.

regarda ; puis, sans mot dire, il se replongea dans le dîner.

— Enfin, chère madame Lenoir, repris-je, pour conclure, j'ai toujours aimé les bons auteurs, — et aussi vrai que le bourrelet des enfants modernes n'est autre chose que la tiare atrophiée de Melchissédech, — aussi vrai le Moraliste des îles Chinchas est de ceux-là !.

Claire baissa la tête en silence: elle était battue. Je compris que son ignorance l'accablait. Je me délectai innocemment de sa rougeur, mais ne voulant pas pousser la leçon plus loin, je me retournai vers Césaire pour traiter de choses plus sérieuses que les « Belles-Lettres » et que la « Musique ».

CHAPITRE VIII

SPIRITISME

> Dans les dîners d'hommes, il y a une tendance à parler de l'immortalité de l'âme au dessert.
> E. et J. DE GONCOURT.

Toutefois, comme l'intellect de Césaire, — et même toutes les facultés de son âme, — me paraissaient, pour le moment, absorbées par un plat de paupiettes, son mets favori, et que la sensation du goût, primant provisoirement les autres, devait, à coup sûr, étouffer en lui, (présumai-je en le regardant), toute notion de justice divine et humaine, je jugeai prudent de laisser, comme on dit, passer l'orage — et même de me régler de mon mieux sur le stoïcisme exemplaire de sa conduite.

En conséquence, je songeai vivement qu'il était à propos de donner du jeu à l'héroïque appareil de muscles masséters et crotaphytes, dont la Nature, en mère prévoyante, m'a départi la propriété. L'instant d'après, nos deux paires de mâchoires, se sentant dans le vrai, luttaient, sans bruit, de rapidité, d'adresse et de vigueur, et joignaient la ruse au discernement.

Claire, tout à coup, au milieu du silence intelligent qui régnait sur nos fronts éperdus, se plaignit de la trop vive lumière des candélabres.

Ce fut donc aux discrètes lueurs de la lampe que Césaire, s'estimant repu, se renversa, classique, sur le dossier de son fauteuil, et, dodelinant de la tête, posa bruyamment ses deux mains sur la table où le domestique venait de placer le café et la liqueur.

— Il roula, sous des sourcils relevés, des yeux effarés et satisfaits, et regarda Mme Lenoir et moi comme dans une hébétude. Puis il savoura l'arôme d'une première lampée de la fève de Moka, posa sa tasse, tourna ses pouces, et, les regards au ciel, laissa tomber ce mot d'une voix grasse, gutturale et enrouée par la nourriture :

— Parfait!!

Sa bouche, fendue comme un bonnet de police, essaya d'ébaucher un sourire.

Il entama donc, sur-le-champ, une discussion « philosophique ».

La thèse choisie par l'excellent amphitryon n'était pas autre que celle-ci :

— « Sommes-nous appelés à de nouvelles chaînes d'existences ou cette vie est-elle définitive ? La somme de nos actions et de nos pensées constitue-t-elle un nouvel être intérieur soluble dans la Mort? » En d'autres termes : « Notre chétif quotient mérite-t-il immédiatement, après dissolution de l'organisme, après désagrégation de la forme actuelle, les honneurs de l'Immodifiable? »

Je laisse à penser au Lecteur l'effet que ce programme, à confondre les aliénés dans les hospices, dut produire sur moi. Mais Césaire, imperturbable, se recueillit, et je vis avec effroi qu'il s'apprêtait fort tranquillement à étaler, avec la plus grande complaisance du monde, toutes les superstitions dont il s'était infecté l'esprit.

Car — il faut bien, à présent, que je le dise! il est temps d'en prévenir le Lecteur ! — c'était un hauteur d'endroits solitaires, un homme à systèmes sombres et à tempéament vinrdicatif. Il avtai quelque chose d'égaré, de rudimentaire, dans les traits fondamentaux. Il prétendait, en riant sous son nez de Canaque, qu'il y avait en lui du *vampire velu*. Ses plaisanteries infatuées roulaient le plus souvent sur l'anthropophagie. Le tout semblait se fondre dans une bourgeoiserie bonasse, — mais lorsqu'il s'évertuait sur son thème favori : — « *La forme que peut prendre le fluide nerveux d'un défunt, le pouvoir physique et temporaire des mânes sur les vivants* » — ses yeux brillaient de flammes superstitieuses ! — Ce sauvage parlait avec terreur du grand-Diable des enfers, et il eût fini par inquiéter et rendre malades des tempéraments moins affermis que le mien, grâce à son éloquence bizarre et opiniâtre.

Je l'ai vu me tenir jusqu'au matin sur certaine relation d'un capitaine de vaisseau russe, prisonnier des insulaires de l'Archipel de la Sonde — récit horrificque ! — et sa figure prenait une expression que je n'eusse pas trouvée déplacée chez ces mêmes naturels.

— Sa nature véritable, interne, devait être d'une *férocité* compassée, défalcation faite de son degré de civilisation.

Quant à ce qu'il appelait ses idées « théologiques », elles étaient pour moi la source la plus ample et la plus hilare de quolibets possible, — quolibets tout intérieurs, bien entendu, — car, fidèle aux prescriptions des excellents auteurs que j'ai eu l'honneur de citer au début de ce Memorandum, il n'entre pas dans mes idées de blâmer les gens ouvertement. Lenoir ne se doutait donc pas, lorsque j'approuvais, tout haut et avec un doux sourire, ses somnolentes et fadasses théories, qu'*in petto* je nourrissais contre elles une haine basse, dédaigneuse, aveugle et presque sanguinaire !... C'était même (hé ! hé ! hé !) un peu pour cela que je l'avais marié sans pitié, autrefois ! Car j'ai toujours un motif pour faire ce que je fais, moi ! et, — comme le Jupiter d'Eschyle, — seul je connais ma pensée.

Or, c'était vers cette année, qu'au dire de ceux qui l'ont fréquenté, la foi dans les doctrines de la Magie, du Spiritisme et du Magnétisme et, surtout, de l'Hypnotisme, avait atteint son maximum d'intensité chez mon pauvre ami. Les suggestions qu'il prétendait pouvoir inculquer aux passants étaient capables d'alarmer et de jeter dans l'épouvante. Il soutenait avec aplomb des théories à faire venir la chair de poule, dans toute la monstruosité de l'expression.

Il faisait ses délices d'Eliphas Lévi, de Raymond-Lulle, de Mesmer et de Guillaume Postel, le doux moine de la Magie noire. Il me citait l'abbé astrologue Trithème, R. C. Il ne jurait que par Auréole Théophraste

Bombaste, dit le « divin Paracelse ». Gaffarel et le populaire Swédenborg le ravissaient jusqu'au délire, et il prétendait que l'Enfer d'épuration, analysé par Reynaud, était *plus* que rationnel.

Les modernes, Mirville, Crookes, Kardek, le plongeaient dans de profondes rêveries. Il croyait aux *Ressuscités* d'Irlande, aux vampires valaques, au mauvais œil; il me citait des passages tirés du cinquième volume de la mystique de Görres, à l'appui de ses propositions.

Ce qu'il y avait de plus abracadabrant, c'est que Lenoir était un Hégélien enragé et très entendu : comment arrangeait-il cela ?

— Mais allez donc trouver un atome de bon sens dans les contradictions des gens qui sont assez sots pour « penser! » Alors qu'il est démontré que cela ne peut mener à rien, puisqu'on ne se convainc jamais soi-même !

Quant au Magnétisme, aux expériences très curieuses de Dupotet et de Regazzoni, il y attachait une confiance sans bornes. Cette fois, je n'étais pas très éloigné de partager quelques-unes de ses opinions, mais dans un sens plus rassis et plus éclairé, bien entendu.

Le vieux scélérat croyait fermement, lui, aux coups frappés sur quelqu'un à distance, — aux passions brusquement excitées par la seule volonté du magnétiseur, — aux richesses artificielles, — aux douleurs d'un enfantement factice, — aux fleurs empoisonnées par le regard, — enfin aux signes de l'Esotérisme sacerdotal formulant la réprobation.

Il avait, dans sa chambre, le Pentagramme d'or vierge et les attributs propices aux évocations noires et aux pactes. Il concevait le bouc baphométique, emblême prêté, comme on sait, aux anciens Templiers; il commentait couramment les clavicules de Salomon et il croyait au corps sidéral enfermé en un chacun. Et, à l'appui de ces balivernes, il me citait, avec un sang-froid de Groënlandais, des textes qui — chose assez surprenante — paraissaient d'abord les plus rationnels, les plus logiques, les plus scientifiques et les plus irréfutables, — mais qui, évidemment, ne pouvaient être, au fond, qu'un mauvais jeu d'esprit, fruit de l'ignorance et du charlatanisme.

Tel était le bon docteur; et il venait de poser la question — si toutefois c'est même une question — que j'ai mentionnée.

Elle donna lieu, comme on va le voir, a une discussion des plus étranges et qu'il est indispensable de relater, pour l'intelligence des événements plus étranges encore qui la suivirent.

CHAPITRE IX

BALOURDISES, INDISCRÉTIONS ET STUPIDITÉS

(INCROYABLES !...)

DE MON PAUVRE AMI

> La Philosophie commande et n'obéit pas.
> Aristote.

Nous allumâmes des cigares et passâmes au salon.

Pour que l'on pût mieux jouir de la vue des flots qui brillaient, au loin, par la croisée ouverte, Claire baissa l'abat-jour de la lampe.

Le ciel était un noir chaos d'horribles nuages ; un croissant de cuivre et quelques étoiles constituaient l'aspect de la nuit : mais l'odeur saine de la mer nous imprégnait les poumons.

— Nous voici au théâtre : on donne, ce soir, *La Mer*, grand opéra, musique de Dieu, murmura Mme Lenoir.

— Le fait est, répliquai-je en souriant, que, si j'ose m'exprimer ainsi, la houle va faire une basse « divine » à l'harmonie de nos pensées.

Je m'engouffrai dans le canapé : Mme Lenoir s'appuya contre le balcon, à demi tournée vers la vague ; le docteur s'installa dans un fauteuil, en face de moi, plongeant des yeux singulièrement clairs et brillants au plus profond des miens, avec une fixité presque gênante.

— Mon ami, lui dis-je, mon seul, mon vieux compagnon d'armes, j'ai besoin, tout d'abord, du secours de vos lumières sur un point de physiologie qui m'intrigue.

— Parlez, Bonhomet, parlez !... murmura Lenoir, évidemment flatté de ce qu'un homme comme moi lui demandait ses « lumières ».

— Voici en deux mots : les officiers de santé, qui desservent les hospices de fous, ont-ils songé à doser, dans des mesures approximatives, le degré de *réalité* que peuvent avoir les hallucinations de leurs clients ?

Par cette question incongrue j'espérais lui faire comprendre le ridicule et le mauvais goût de sa propre question.

— Avant de vous répondre, me dit-il sans s'émouvoir, je serais heureux de connaître ce que vous entendez par ce mot : *la Réalité ?*

— Ce que je vois, ce que je sens, ce que je touche, répondis-je en souriant de pitié.

— Non, — dit Lenoir; vous savez bien que l'Homme est condamné, par la dérisoire insuffisance de ses organes, à une erreur perpétuelle. Le premier microscope venu suffit pour nous prouver que nos sens nous trompent et que *nous ne pouvons pas* voir les choses telles qu'elles sont. — Cette nature nous paraît grandiose et « poétique »?... Mais, s'il nous était donné de la considérer sous son véritable aspect, où tout s'entre-dévore, il est probable que nous frémirions plutôt d'horreur que d'enthousiasme.

— Soit !... m'écriai-je : nous savons cela ! Mais le réel, pour nous, est relatif, mon ami : tenons-nous-en à ce que nous voyons.

— Alors, répliqua Lenoir, si le réel est, décidément, ce que l'on voit, je ne m'explique pas bien en quoi les hallucinations d'un fou ne méritent pas le titre de réalités.

Je me sentis acculé : mais je suis de ceux qu'on n'accule pas impunément, car la peur me fait rentrer dans le mur.

— C'est ma foi vrai, mon cher Lenoir !... dis-je après un silence.

J'ajoutai avec hypocrisie, pour briser sur toute métaphysique :

— Le mieux est de se mettre à genoux devant le Créateur, sans chercher à pénétrer l'insoluble mystère des choses.

— Cela dépend, dit Lenoir.

— Comment, cela dépend !...

— Je ne demande pas mieux que de me mettre à genoux devant mon Créateur, mais à la condition que ce soit bien devant Lui que je me mette à genoux et non devant l'idée que je m'en fais. Je ne demande précisément que d'adorer Dieu, mais je ne me soucie pas de m'adorer moi-même sous ce nom, à mon insu. Et il est difficile de m'y reconnaître.

— Mais votre conscience !... m'écriai-je.

— Si ma conscience m'a déjà trompé une

fois (comme je viens de m'en apercevoir à propos de mes sens), qui m'affirme qu'elle ne me trompe pas encore ici? Quand je pense Dieu, je projette mon esprit devant moi aussi loin que possible, en le parant de toutes les vertus de ma conscience humaine, que je tâche vainement d'infiniser ; mais ce n'est jamais que mon esprit, et non Dieu. Je ne sors pas de moi-même. C'est l'histoire de Narcisse. Je voudrais être sûr que c'est bien Dieu auquel je pense quand je prie !... Voilà tout.

— Sophismes ! susurrai-je en souriant. On appelle objectivité, je crois, en langage philosophique, ce ressassé phénomène du cerveau. Mais on ne s'est pas créé tout seul !

— Vous dites ?... fit Lenoir de son même ton de professeur qui m'agaçait.

— Enfin, vous ne nierez pas, je l'espère, qu'un Dieu nous a créés ?

— Prêtez l'oreille : Dieu ?... — Mystère ;

la Création ?... Autre mystère. Dire que Dieu nous a créés, c'est donc affirmer, tout bonnement, que nous sortons du Mystère ; — point sur lequel nous sommes parfaitement d'accord, puisque c'est précisément ce mystère (ou, pour parler plus exactement, ce problème) qu'il s'agit d'éclaircir et que vous ne rendez que plus obscur en le personnifiant. Or, tout problème suppose solution. Je ne serais pas éloigné de croire qu'*aujourd'hui* la solution soit possible.

— Possible !!! Bonté du ciel !... m'écriai-je en joignant les mains : — avec notre pauvre esprit borné ?

— Borné à quoi ? demanda Claire d'une voix douce. Pouvez-vous penser une limite précise, quand toutes se constituent d'un *au-delà ?*

Une pareille question, sortant de la bouche d'une femme, était faite pour alarmer des gens plus prudes que moi. Je me sentis rougir jusqu'au blanc des yeux.

— Où voyez-vous des « bornes » dans l'Esprit ? dit Lenoir. Je suis prêt à prouver, que l'entendement de l'Homme, s'analysant lui-même, doit découvrir, en et par lui seul, la *stricte* nécessité de sa raison d'être, la LOI qui fait *apparaître* les choses et le principe de toute réalité. Bien entendu, je ne parle qu'au point de vue *de ce monde,* sous toutes réserves, (s'il en est un autre) de ce que mes sens ne me révèlent pas.

Je l'avoue, je demeurai bouche béante devant la stupide fatuité du docteur.

— Ciel !... — pensai-je ; — rien ne peut donc ternir l'hermine de sa sottise ! C'est de l'étalage, à cause de sa femme.

— Mais, mon ami, dis-je, un simple chrétien vous demanderait pourquoi l'Humanité aurait attendu jusqu'à vous, six mille ans, avant de connaître la Vérité !... votre vérité !... en supposant que vous l'ayez.

— Je répondrais au chrétien : l'Humanité en a bien attendu quatre mille avant de connaître la vôtre ! — La Vérité ne se mesure pas à l'année. Quant à *moi*, ne faut-il pas *que je sois*, avant d'être chrétien ? Avant d'être chrétien, il faut que je sois homme. Je suis Homme, d'abord : je fais partie de la série humaine ; et quand je m'élève par la pensée jusqu'en l'Esprit humain, je suis le point par où l'idée du Polype-Humanité s'exprime à l'un de ses moments ; je cesse d'être un moi particulier ; je parle au nom de l'espèce qui se représente en moi. — Hors de l'idée générale, je ne serais qu'un fol ayant l'hallucination du ciel et de la terre, et devisant au hasard, comme les autres, en vue de quelque bas intérêt de la vie « pratique ».

Je jugeai que le moment était venu d'amener Lenoir à résipiscence et qu'il fallait l'humilier :

— Laissez-moi seulement vous citer Cabanis!... balbutiai-je.

Et je leur exposai le passage où l'illustre officier de santé relate les exemples de personnes mordues par des animaux enragés : loups, chiens, pourceaux et bœufs : — « Ces personnes, affirme-t-il, se cachaient sous les meubles, aboyaient, hurlaient, grognaient, meuglaient et imitaient, par leurs attitudes, les coutumes et les instincts de l'animal qui les avait mordues. » — Vous comprenez, ajoutai-je, que le plus parfait des génies humains ne doit jamais perdre de vue qu'un tel désastre peut lui échoir, et, devant la seule possibilité de cette humiliation, ce n'est qu'avec une réserve extrême et compassée, — et après mûr examen au point de vue général, — qu'on doit exposer ses opinions personnelles. Pour moi, Kant, Schopenhaüer, Fichte et le baron de Schelling ne sont que des personnages infectés d'une sorte de *virus rabique* naturel et qu'on eût dû traiter en conséquence.

Et Hégel, que vous allez me citer, puisque c'est votre maître (ajoutai-je pour humilier Lenoir), ne leur cède en rien sous ce rapport. Quand, d'après la théologie, le Diable, en réponse au : *Quis ut Deus?* de Michel, poussa son cri : « *Non serviam!* » (sottise qui fut châtiée par toutes les Vertus célestes, ajoutai-je avec un léger sourire), il nous instruisit à nous défier de toute précipitation enthousiaste. — Et le lycanthrope Nabuchodonosor ne renforça point peu cette leçon symbolique donnée à notre orgueil! — Eh bien! Hégel me fait l'effet d'être le Nabuchodonosor de la Philosophie, voilà tout!.

Et pour achever de troubler le bon docteur,

je lui fis étinceler dans les yeux les facettes de mon diamant.

En entendant ce galimatias, Lenoir ouvrait des yeux démesurés, et je jouissais intérieurement de la difficulté qu'il éprouvait à lier le décousu de mes paroles.

— Vous ne prétendez pas inférer, je suppose, murmura-t-il enfin, qu'une maladie quelconque soit notre limite, puisque l'Espèce survit à l'Individu. — Si Cabanis est mordu, l'Esprit-Humain ne relève pas de sa rage : il la constate, l'étudie à titre de phénomène, découvre le remède et passe outre. Que voulez-vous dire ?.

— Je veux dire, criai-je, que si j'appuie mon pouce sur un lobe du cerveau, si je touche une partie quelconque de la pulpe cérébrale, je paralyse instantanément soit la volonté, soit le discernement, soit la mémoire, soit quelque autre faculté de ce que vous appelez l'âme. D'où je conclus que l'âme n'est qu'une sécrétion du cerveau, un peu de phosphore essentiel, et que l'idéal est une maladie de l'organisme, rien de plus.

Lenoir se mit à rire, tout doucement :

— Alors le problème se réduirait à savoir ce que c'est que le « phosphore » et de *quoi* se « secrètent » le cerveau, le Soleil, le sens d'examen, la réflexion de l'Univers dans la pensée, et d'où vient la nécessité de l'être de ces « secrétions » plutôt que de leur néant ? Je veux bien : du moment *qu'il y a question*, le reste m'est indifférent. Entre les physiologistes et les métaphysiciens, le dissentiment ne provient que de la diversité des expressions : la science a ses pays et ses langages, comme une Terre. — Mais que croyez-vous dire en affirmant que vous paralysez les « *facultés* » de l'âme en touchant les lobes d'un cerveau ?... Dites que vous paralysez les *appareils*, les organes par lesquels ces facultés s'exercent, se révèlent extérieurement, ne dites pas que vous les touchez, encore moins que vous les *anéantissez*. C'est comme si vous coupiez les jambes d'un homme, en ajoutant : « Je te défie de marcher. » Rien de plus.

— Fortement éloqué ! murmurai-je d'un air confondu comme si je n'eusse pas su par cœur, depuis le berceau, toutes ces banalités rebattues et lamentables. — Eh bien, Lenoir, vos conclusions ?

— Je conclus que l'Esprit fait le fonds et la fin de l'Univers. Dans le germe de l'arbre, dans la graine d'une plante, on ne peut dire que l'arbre et la plante sont contenus *en petit* : il faut donc qu'ils y soient contenus idéalement. L'arbre et la plante futurs, virtuels en leur germe, y sont obscurément pensés. Par l'idée médiatrice de l'Extériorité, qui

est comme la trame sur laquelle se brode
l'éternel devenir du Cosmos, l'IDÉE se nie
elle-même, pour se *prouver* son être, sous
forme de *Nature,* et je pourrais reconstruire
le fait en employant la dialectique hégélienne.
L'Idée ne croît qu'en se retrouvant en sa négation. Le mouvement contenu dans la crois-
sance des arbres et des brins d'herbe, n'est-il
pas le même que celui qui fait osciller et
bondir sur eux-mêmes les soleils projetant
leurs anneaux au travers des cieux et pro-
duisant, ainsi, d'autres soleils? Comme les
fruits tombés de l'arbre ou les fleurs des brins
d'herbe produisent d'autres fleurs et d'autres
arbres, comme le vent emporte dans les
prairies et les vallées le pollen végétal, ainsi
la vitesse centrifuge disperse dans les abîmes
le pollen astral : c'est la germination du
monde, que Hégel, — vous le savez, — regardait comme « une plante qui pousse ».

CHAPITRE X

FATRAS PHILOSOPHIQUE

> Satan est bon logicien.
> DANTE.

Le domestique nous apporta le thé.

Claire, avec un doux sourire, que ses lunettes rendaient légèrement sinistre, m'offrit une tasse de la chaude infusion chinoise, sucrée et aromatisée de kirsch, par ses soins prévenants.

— Lenoir, dis-je, en savourant une gorgée de la digestive liqueur, — vous êtes en contradiction, je dois vous en prévenir, avec les théologiens et les physiologistes, en affirmant que l'Idée et la Matière sont une même chose.

— Non.

— Comment, non!

— Les Théologiens n'avancent-ils pas que Dieu est un pur Esprit, et qu'il a créé le monde? La Matière peut donc ÉMANER de l'Esprit, même au dire des théologiens. Ainsi, la différence n'est qu'apparente. — Quant aux physiologistes, ne sont-ils pas forcés d'affirmer que *la forme* du corps lui est plus *essentielle* que sa matière? — Vous voyez.

J'étais loin d'être dans les eaux de Lenoir; ses sophismes glissaient sur la cuirasse épaisse de mon Sens-commun.

— Voyons, mon ami, lui dis-je, abuseriez-vous de vos droits d'amphitryon jusqu'à vouloir insinuer que cette BUCHE, par exemple, n'est pas de la matière?

— Où voyez-vous la « Matière » en cette bûche? répondit-il.

Je me voilai la face de mes deux mains : le naufrage de cette intelligence me faisait mal. Il voulait goguenarder avec moi !... Avec moi !

— Vous prétendez que vous ne voyez pas la Matière ! lui dis-je avec stupeur : et que cette BUCHE...

— Mais, enfin, c'est élémentaire, cela ! cria Lenoir, que mon apparente ignardise finissait par exaspérer et qui me regardait de travers. Je vois des attributs de *forme*, de *couleur*, de *polarité,* de *pesanteur*, réunies : j'appelle *bois,* un certain agrégat de ces qualités. Mais ce qui *soutient* ces qualités, — la Substance, enfin, — que ces attributs couvrent de leur voile, où est-elle ?... — Entre vos deux sourcils ! Et nulle part ! Vous voyez bien que la « Matière » en soi, n'est pas sensible ! ne se pénètre pas ! ne se révèle pas, et que la « Substance » est un être purement intellectuel dont le Monde sensible n'est qu'une forme négative, un *repoussé*.

— Mais, mon pauvre ami, qu'est-ce qu'un être intellectuel, qu'est-ce que la réalité d'une idée, d'une pauvre idée, devant la réalité évidente du fait de cette simple BUCHE que vous niez !.

— Je n'ai qu'à jeter cette bûche dans le feu, pour l'effacer : voilà votre BUCHE disparue, devenue autre qu'elle-même. — Qu'est-ce qu'une *réalité* pareille, qui s'efface, qui est et n'est pas à la fois ? qui dépend du hasard extérieur ? Peut-on bien appeler cela « réalité ? »... Allons ! — C'est du Devenir, c'est du Possible, — ce n'est pas du Réel ; car cela *peut être* aussi bien que *ne pas être*. La Réalité est donc autre chose que cette contingence, et nous voilà revenus cette fois, logiquement, à la question posée au début : « Qu'est-ce que la RÉALITÉ ? »

— Et moi, murmurai-je, endolori par la dialectique paradoxale du docteur, je soutiens, à l'encontre, que ce qui est solide et pesant n'est pas une simple idée, que diable!

— Faites rentrer l'idée de *pesanteur* (puisqu'elle vous éblouit) dans l'idée de *longueur*, par exemple, et vous comprendrez mieux tout cela.

— Dans les mots, c'est possible; mais les faits matériels ne se prêtent pas à ces fusions et à ces confusions avec autant de bonne grâce que les idées.

— Vous plaisantez, n'est-ce pas ?... dit Lenoir, après un instant. Comment voulez-vous que le fait puisse démentir une idée logique, puisque l'idée logique est l'essence même du fait?

— Prouvez, alors! — Essayez, essayez d'appliquer physiquement la théorie!

— Mais... il me suffira de faire glisser un

poids sur la longueur d'une barre d'acier pour que la longueur de la barre soulève des pesanteurs mille fois supérieures à celle du poids qui glissera sur cette barre. Vous voyez bien que la longueur et la pesanteur rentrent l'une dans l'autre, aussi bien en fait qu'en idée.

— Phraséologie !... grommelai-je avec humeur : c'est spécieux ; d'accord. Mais au fond, ce sont des mots.

— Et avec quoi voulez-vous que je vous réponde ? fit Lenoir en souriant. Avec quoi me questionnez-vous ? — Vous niez la valeur du mot *mot* avec le MOT lui-même. Est-ce par gestes que vous voulez causer avec moi ?... Le vent souffle, l'instinct hurle, l'idée s'exprime.

— Mon cher Lenoir, m'écriai-je, revenons à la question. — Je puis conclure en affirmant que, comme je ne touche ni ne vois les idées, j'aime encore mieux appeler *réelles* les choses sensibles. Et toute l'Humanité sera de mon avis.

— Non, dit Lenoir.

— Comment, non ! repris-je pour la troisième fois, en regardant avec tristesse le pauvre Hégélien.

— Si les choses *sont*, si *l'Apparaître* de l'Univers *se produit*, ce ne peut être qu'en vertu d'une Nécessité-absolue. Il y a une raison à cela ! Eh bien, que cette raison soit l'Idée ou autre chose que l'Idée, c'est bien plutôt de l'être-sensible qu'il faudra douter, puisque tout ce qu'il possède de réalité lui vient nécessairement de cette *raison-vive*, de cette Loi-créatrice, et que cette raison, cette loi, ne peut être saisie et pénétrée que par l'Esprit. — L'IDÉE est donc la plus haute forme de la Réalité : — et c'est la Réalité même, puisqu'elle participe de la nature des lois suréternelles, et pénètre les éléments des choses. D'où il suit qu'en étudiant simplement les filiations de l'Idée, j'étudierai les lois constitutives des choses, et mon raisonnement COINCIDERA, s'il est strict, avec l'ESSENCE même des choses, puisqu'il impliquera, en *contenu*, cette NÉCESSITÉ qui fait le fonds des choses.

En un mot, je suis, en tant que pensée, le miroir, la *Réflexion,* des lois universelles, ou, selon l'expression des théologiens, « je suis FAIT à l'image de Dieu! » — Comprendre, c'est le reflet de créer.

Je me touchai le front d'un doigt significatif, en regardant Mme Lenoir, qui, silencieuse, semblait écouter avec une attention profonde les théories écœurantes de son pitoyable époux. Je la plaignais, vraiment, d'avoir choisi un pareil énergumène. Je me versai donc une seconde tasse de thé.

— Ah ! votre Dieu n'est pas celui des Théologiens, mon pauvre ami, — lui dis-je, le cœur gros.

—Là n'est pas la question ! dit Lenoir. Je parle, en ce moment, Philosophie : mais, *ne croyant qu'aux Sciences-noires,* je n'attribue qu'une importance douteuse, — et, en un mot, toute *relative* — aux principes que je soutiens en ce moment. Cela posé, voyons ce que disent de Dieu vos théologiens.— Dieu, selon Mallebranche, est le lieu des esprits comme l'espace est celui des corps. — Dieu, selon saint Augustin, est tout entier partout, contenu tout entier nulle part. — Qui niera que Dieu soit corps, bien qu'il soit esprit ? dit Tertullien. — Dieu, c'est l'Acte pur, dit saint Thomas. — Dieu, c'est le *Père* tout-puissant ! — dit le symbole de Nicée. — Je ne m'arrêterais pas, si je donnais toutes les soi-disant définitions de l'Être-Inconditionnel, dont la notion est inséparable de l'être ! Mais l'Esprit du Monde ne se définit pas de la sorte. Ces lueurs et ces images ne sont que profondes : Le mot de Jacob Bœhm, « Dieu est le silence éternel, » ne me convainc pas davantage — et je suis sûr que c'est afin d'essayer de se soustraire à l'arrière-pensée, — afin de combler, pour ainsi dire, désespérément, le côté obscur de cette pensée, que l'abbé Clarke ne prononçait jamais le nom de Dieu sans de grandes démonstrations *physiques* de Terreur et de Respect.

Hé bien ! conclut Lenoir, je ne sais si le Dieu dont mon esprit a conscience diffère essentiellement, en sa notion, de celui des théologiens : je ne sais qu'une chose... c'est que j'ai PEUR de cet absolu Justicier.

Je ne pus m'empêcher de rire à cette dernière saillie.

— Ne craignez rien, Lenoir ! lui répondis-je, et surtout à ce sujet!... N'exagérons rien, ou nous allons heurter le Sens-commun.

— C'est vrai! dit le docteur. Inclinons-nous devant ce divin Sens-commun, qui change d'avis à tous les siècles, et dont le propre est de haïr, natalement, jusqu'au nom même de l'âme. Saluons, en gens « éclairés » ce Sens-commun, qui passe, en outrageant l'Esprit, tout en suivant le chemin que l'Esprit lui trace et lui intime de parcourir. Heureusement l'Esprit ne prend pas plus garde à l'insulte du Sens-commun que le Pâtre ne prend garde aux vagissements du troupeau qu'il dirige vers le lieu tranquille de la Mort ou du Sommeil.

Ici, Lenoir ferma les yeux, comme perdu en une vision.

— O Flambeaux! murmurait-il. Que serait, après tout, votre gloire, sans les Ténèbres? Cependant, — ajouta-t-il en me souriant, — il est des Ténèbres-méphitiques, qui, incapables de recevoir la Lumière, éteignent les flambeaux.

A cette parole, — je l'avoue, — à cette banale plaisanterie, — oui,.. l'idée de la perte de mon ami... me parut moins affreuse.

— En résumé, dis-je, à quoi, dans le domaine pratique et positif, peuvent servir toutes ces belles spéculations ?

Lenoir me regarda quelques instants avec une physionomie grave, mais sans me répondre.

CHAPITRE XI

LE DOCTEUR, MADAME LENOIR ET MOI

NOUS SOMMES

PRIS D'UN ACCÈS DE JOVIALITÉ

> Et mon cœur était si joyeux — que je ne le reconnaissais plus pour le mien.
> DANTE.

Grâce aux biais évasifs que j'avais, jusque-là, favorisés avec une feinte étourderie et par la docte frivolité de mes interrogats, Lenoir, (s'il était parvenu à faire valoir l'ingéniosité de son intelligence), n'avait, en revanche, rendu que plus éclatante son im péritie en ces matières transcendantales. Je l'avais, évidemment, entraîné sur un terrain où, malgré tous ses efforts, je pouvais désormais, à loisir, creuser à ses illusions une fosse définitive.

Il se recueillait maintenant, accoudé, la main sur le front, mûrissant probablement quelque énormité nouvelle, indigne d'être soumise à mon critère. Son silence méditatif me prouvait, outre mesure, la vacuité de son âme; car, s'il avait eu quelque chose à dire, il l'eût dit sur-le-champ, comme tout le monde, sans éprouver ce futile besoin de réfléchir, qui est le signe distinctif de l'impuissance et de la défection.

— Je ne vous cacherai pas, m'écriai-je, mon ami, — je puis même dire mon meilleur ami, — que je suis d'avance assez convaincu de la vanité de vos arguments touchant le côté utilitaire de vos bizarres théories. — A quoi cela peut-il servir ?... je le répète.

Il rouvrit les yeux et, après un silence :

— Pour vous et vos pareils, cela ne sert pas ! — Pour d'autres, dédaigneux de la Mort et pleins du souci de l'Éternité, cela sert à combattre glorieusement pour la Justice, avec la certitude de la défaite.

A ces mots, je ne pus maîtriser un léger cri de frayeur, et ma physionomie exprima un tel effarement, que Lenoir en resta bouche béante.

J'avais senti, en effet, avec une prescience quasi divine, qu'il allait égrener le chapelet interminable des idées subversives de tout ordre social.

Sans ce mouvement instinctif d'improbation, il eût longuement glosé, sans doute, sur « l'indépendance du monde » et se fût bercé de chimères au son de sa propre voix : je vis que ma seule pantomime avait fait litière de ses résolutions, et qu'il n'oserait pas insister là-dessus devant moi.

De quel poids, en effet, pourraient être, aux yeux d'un homme sérieux, ces sortes de pensées soi-disant grandes, généreuses, enthousiastes, alors qu'il suffit qu'elles soient simplement reflétées par mon cerveau et disséquées naïvement par mes lèvres, pour que, — dépouillées de toute vaine fioriture, — elles deviennent d'une aridité capable de provoquer chez les spectres eux-mêmes la nostalgie du sarcophage ?

Lenoir s'arrêta et je lui fus grat de son silence.

— Oui, dis-je, je vous comprends : il s'agit des Peuples !... du Peuple !... Vous espérez le rendre accessible à ces rêves de liberté, de dignité, de justice ?... Mais on n'a pas la ressource de l'amputation avec les âmes gangrenées ; il est des choses irrémédiables qu'on empire en en cherchant la guérison. — Le Peuple ?... Certes, personne ne le chérit plus que moi ; mais, de même que ma fonction est de le plaindre, la sienne est de souffrir. S'il était avéré que la Science lui fût bonne, qui de nous — (Moi tout le premier !) — ne lui donnerait son âme, sa vie et son amour !... Malheureusement, la victime, une fois ses liens desserrés, n'a guère d'autre idéal que d'en étreindre le col de son libérateur, car la place des misérables ne saurait demeurer vacante en ce monde, et l'on ne peut en racheter un seul qu'en se substituant à lui, heureux si l'on ne paye par la ruine, la calomnie et la mort, les bienfaits dont on l'a comblé. — Mon ami, la reconnaissance est lourde, bien lourde !... ajoutai-je en reprenant mon ton paterne, et le Progrès des Lumières ne fait que développer chez des créatures naguère inconscientes, inoffensives, et qui jouissaient, au moins, de notre pitié, les instincts de jalousie, de basse haine, d'envie et de trahison!... Et croyez, Lenoir, à ma compétence en ces matières!... Aussi je dis : Périssent les Bienfaiteurs, si leur action doit avoir pour résultat la disparition des victimes ! Malheur sur les républiques futures, sur les sociétés idéales, où les hommes sensibles n'auraient plus à verser, comme moi, de douces larmes sur le sort des peuples!... A la seule idée qu'on pourrait me priver de cette satisfaction, il me semble que mes veines charrient de la bile au lieu de sang, mon pauvre ami !

Cette sortie jeta quelque gaieté : Lenoir et sa femme ayant poussé l'aliénation mentale jusqu'à s'imaginer que je plaisantais. Charmé de leur erreur, je crus devoir renchérir sur leur joie. S'ils m'eussent connu plus à fond, je doute qu'ils se fussent aussi grossièrement mépris à ce sujet. J'ai remarqué, en effet, une chose bizarre et qui, m'étant spéciale, m'intrigue parfois : c'est que mes espiègleries, à moi, ont toujours fait pâlir.

Je remplis donc le salon d'un de ces éclats de rire qui, répétés par les échos nocturnes, faisaient jadis, — je m'en souviens, — hurler les chiens sur mon passage!... — Depuis, j'ai dû en modérer l'usage, il est vrai, car mon hilarité me terrifie moi-même. J'utilise, d'ordinaire, ces manifestations bruyantes dans les grands dangers. C'est mon arme, à moi, quand j'ai peur, quoique ma peur soit contagieuse : ce m'est un sûr garant contre les voleurs et les meurtriers, quand je suis dans les lieux écartés. Mon Rire mettrait en fuite, mieux que des prières, les fantômes eux-mêmes, car Moi, je n'ai jamais pu contempler les Cieux-étoilés! — et les

Esprits dont j'invoque la protection habitent des astres blafards.

Toutefois, je ne tardai pas à m'apercevoir que ce que j'avais pris pour un sourire, chez Mme Lenoir, était simplement un effet d'ombre — que la lampe avait projeté sur son visage.

Je dus reconnaître, également, que le Docteur m'avait induit en erreur par un certain tic nerveux — accompagné d'une quinte de toux que j'avais prise pour un éclat de rire. Il avait aspiré de travers la fumée de son cigare, en m'écoutant.

Et je compris que j'avais été le seul bon vivant de nous trois, avec mon accès de gaieté.

CHAPITRE XII

UNE DISCUTEUSE SENTIMENTALE

> Et Satan : — « Pensées, où m'avez-vous conduit ! »
> MILTON.

Nous remplîmes, de nouveau, nos tasses de thé, et, entre deux cuillerées de kircsh :

— Mon ami, interrompis-je, au lieu de vivre chez soi, tranquillement, sans ambition ni casse-tête spéculatifs, à quoi bon se préoccuper de toutes ces choses en l'air ? — (Ici je clignai de l'œil.) — Nous ne saurons jamais *le fin mot* de tout cela !

J'ai dit que Lenoir était un maniaque de philosophie : mais, — en vérité ! — je ne pouvais m'attendre à ce qu'il reprît, comme en bondissant, la discussion, insipide et oiseuse, de tout à l'heure !...

— Ah ! çà, mais, s'écria-t-il, il me semble que nous faisons partie de « tout cela, » bon gré, malgré nous !... Dès lors, nous sommes fondés à nous en occuper ! — et tout paraît, au contraire, nous témoigner que nous pouvons en découvrir « le fin mot ! » Car, enfin, regardez : la dialectique de la Nature est la même que celle de notre cerveau : ses œuvres sont ses idées : « L'arbre pousse par syllogisme », comme le dit Hégel. Les choses sont des pensées vêtues d'extériorités diverses, et la Nature produit comme nous pensons. Aussitôt que nous retrouvons les rapports d'un phénomène avec notre logique, nous le classons, nous prononçons sur lui ce seul mot : la Science ; — et, à dater de ce moment, nous en sommes maîtres.

Il nous est donc permis de compter, quelque peu, sur la valeur de notre Raison — même en ce qui touche la Solution-suprême du rébus de l'Univers. Pourquoi pas ? Quant à... DIEU... marchons et agissons comme si... Quelqu'un... devait nous comprendre, — et comme si nous ne devions pas mourir. C'est encore là ce que j'appelle combattre pour la Justice.

Claire, à ces mots, murmura dans l'angle sombre où elle était :

— Mon ami, le défini d'une telle destinée ne suffit pas à l'idée que nous avons de nous-mêmes, — et, quand j'ai dit, tout à l'heure, que « l'Esprit de l'Homme était sans limites », je sous-entendais, vous le savez, « s'il est éclairé par l'humble et divine Révélation-chrétienne. »

A ces mots, je tressaillis, je l'avoue, la prenant presque au sérieux.

— Je te vois venir, toi!... pensais-je. Voici poindre, à l'horizon, la Tache-originelle et la Vallée de larmes. — Conséquences : en politique, Sacerdoce et Monarchie; — en économie sociale, la Propriété au présent basée sur la Charité au futur; — en Histoire, les Bollandistes; — en Science, Josué. — Sinon, mon très cher frère, je te séquestre, te torture, te tue, et ferai buriner sur ta pierre, par tes partisans : « Ci-gît un martyr. » Système de dessert, à l'usage des dames : connu!

Je saisis donc la balle au bond pour prendre, sur Mme Lenoir, une revanche éclatante des deux ou trois moments que les paradoxes, assez serrés, de Lenoir m'avaient fait passer — et dont mon cœur ulcéré ne pardonnerait jamais l'humiliation.

Je fis donc, moralement, volte-face : je changeai de principe, sans avertir : — c'est-à-dire que — sans lâcher précisément l'idée de Dieu — je me proposai d'en tirer des conséquences d'athée, — afin de parvenir à mon unique but — qui était de brouiller les cartes au point que chacun de nous discutât et criât sans savoir pourquoi.

— Permettez, balbutiai-je, permettez! je crois qu'il y a, ici, tautologie. Ici-bas, madame, nous avançons dans un chemin que nous ne pouvons éviter. Pourquoi ce phénomène se produit-il ? Voilà la question. Or, pour l'expliquer, plusieurs ont fait, empiriquement, intervenir l'Intuition (c'est-à-dire l'Induction, à l'insu ou même au su des inspirés). Mais, pour être sur une montagne, il faut avoir gravi un à un les degrés dont cette élévation n'est que la somme, et il n'y a pas d'intuition spontanée. Si la Révélation vient encore enrichir, arbitrairement, le Problème d'une complication nouvelle, — (Ici je me levai en étendant les bras) — il n'y a plus moyen de s'entendre ! — C'est à y renoncer ! Je veux bien croire qu'un Dieu a créé le monde, mais le moyen d'admettre qu'il s'en occupe, jusqu'à nous « révéler » ses voies par l'intermédiaire de tel ou tel, — alors, surtout, que rien ne le prouve d'une façon péremptoire ? Je m'étonne qu'un esprit comme le vôtre se berce encore de pareilles chimères : elles ont fait leur temps.

Je crus licite, en me rasseyant, de savourer l'effet de mon éloquence sur mes interlocuteurs, et mon regard, errant dans l'ombre, glissa vers Mme Lenoir. Elle n'avait point quitté son impénétrable maintien près de la fenêtre et son silence commençait aussi à m'inquiéter. Je me sentais observé par ses pénétrantes et inquisitoriales prunelles —

dont ses lunettes me dérobaient l'expression maudite.

— Eh bien! Claire? murmura le docteur; vous ne répondez pas?

— Oh! monsieur, répondit, en souriant, la belle Claire, vous savez bien que les arguments qui ont suffi jusqu'à présent pour confondre la dialectique de notre ami ne sont pas absolus, — et je ne suis pas jalouse d'achever sa triste défaite.

Je considérai, en tapinois, et avec une stupeur mal dissimulée, celle qui ne frémissait pas d'envenimer ma plaie à ce degré monstrueux,—mais, à ces damnables paroles, je ne trouvai rien à répondre. Je cherchai une saillie, une épigramme sanglante, un biais; je fis appel à la mauvaise foi. Tous les efforts de mon cerveau demeurèrent infructueux. Et, quand cette preuve blessante de mon impuissance me fut bien démontrée, le dépit, l'indignation, la haine aveugle commencèrent à m'envahir. Mon cœur secouait et sonnait le glas dans ma poitrine : la fureur, la soif de vengeance, de vagues idées de meurtre, tous les plus vils sentiments, enfin, montèrent affreusement jusqu'à ma gorge, et se réflétèrent brusquement sur mon visage par un demi-sourire approbatif et béat.

Cependant, mon geste, mon attitude, l'encourageaient à continuer.

— Le fait est, murmurai-je par contenance, que les affirmations de Lenoir rendraient jaloux — si elles ne le faisaient rougir — monsieur de la Palice.

— Mais vous m'avez attristée, — continua Claire, de sa belle voix grave et mystique, — lorsque vous avez déclaré tout à l'heure que la Science nous suffisait pour éclaircir l'énigme du monde et que de marcher à sa lueur d'emprunt suffisait aussi à l'homme juste pour s'acquitter envers Dieu.

Lenoir baissa les yeux avec un sourire assez singulier; je voulus lui venir en aide, — comme je sais venir en aide.

— Vous vous répétez, ma bonne amie !... balbutiai-je : — vous récriminez sans trancher la difficulté ! De quel droit faire intervenir une « simple croyance » en philosophie ?

— Je sais des hommes que l'on ne saurait accuser de se répéter, attendu qu'ils n'ont jamais rien dit, — me répliqua la douce créature.

Et se retournant vers Césaire :

—Quand je pense la Lumière, continua-t-elle, mon très-humble esprit coïncide avec CE qui fait que toute lumière peut se produire. — L'Esprit, en qui se résout toute notion comme toute essence, pénètre et se pénètre, irréductible, homogène, un.

—Et, quand je pense la notion de Dieu,

quand mon esprit *réfléchit* cette notion, j'en pénètre réellement l'essence, selon ma pensée ; je participe, enfin, de la nature même de Dieu, selon le degré qu'il révèle de sa notion en moi, Dieu étant l'être même et l'idéal de toutes pensées. Et mon Esprit, selon l'abandon de ma pensée vers Dieu, est pénétré par Dieu — par l'augmentation proportionnelle de la *notion-vive* de Dieu. Les deux termes, au bon vouloir de ma liberté, se confondent en cette unité qui est moi-même : — et ils se confondent sans cesser d'être distincts. Or, la Révélation-chrétienne, étant la conséquence et l'application de cet absolu principe, je n'ai pas à la traiter de « chimère qui a fait son temps » puisqu'elle est de la nature de son principe, c'est-à-dire éternelle, inconditionnelle, immuable.

— Ma chère madame Lenoir, repris-je, je crois que vous vous faites une trop grande idée de Dieu. Il n'est qu'infini, que nécessaire, qu'inconcevable, — qu'étonnant! Pourquoi toujours le faire intervenir dans les conversations? Rappelez-vous que Kant avait un vieux domestique nommé Lamb, qui supplia son maître de reconstruire les preuves de l'existence d'*un* Dieu, radicalement détruites par le grand philosophe — Nous avons, aussi, en nous tous, on ne sait quel vieux domestique qui demande un Dieu. Soyons plus sensés que Kant : méfions-nous du premier mouvement; sachons répondre par un sourire... — mélancolique ? — Et n'acceptons de telles données que sous bénéfice d'inventaire. L'héritage de nos premiers parents, à franc parler, me paraît d'ailleurs le mériter au delà de toute expression ! ! !

Ce fut la goutte d'eau froide.

Toutefois Mme Lenoir me répondit placidement :

— Pourquoi ne pas demander à l'Infini même un Dieu ? Ne faut-il pas qu'il réalise toute pensée ? (Car que serait un prétendu Infini qui serait borné à cette impuissance de réaliser une pensée de l'Homme ?) Et comme Dieu, vous dis-je, est la plus sublime pensée dont nous puissions concevoir l'intime notion, nous sommes infiniment insensés si nous nous efforçons de la détruire en nous (ce qui d'ailleurs est impossible).

Je me tus, ne voulant pas laisser voir ce qui se passait en moi.

— Soit ! reprit Césaire. Mais, ma chère amie, — nul ne pourrait, aujourd'hui, récuser l'évidence du développement de l'Homme — et n'en pas tenir un compte des plus sérieux. Après tout, le Progrès n'exclut pas la Révélation : — le châtiment initial demeure quand même, bien que, grâce aux sueurs de nos fronts, il diminue d'intensité : voilà tout.

— La Révélation ne nous gêne pas : — (je la vois partout, moi) ! — Vous êtes donc très libre et très sage de vous y confiner. — Seulement, *en métaphysique*, je suis obligé, moi, de ne tabler que sur le Progrès — humain, *par la Science.*

— Ah ! s'écria-t-elle, comment vous suffit-il de ne vous développer, vous Homme, qu'à travers une série d'expressions relatives dont la somme constitue votre Science ! Dans ce cas, au lieu d'être de parfaits-animaux, nous sommes, seulement, des animaux qui s'améliorent et qu'un Progrès indéfini enferme à jamais dans une loi proportionnelle ! Si même la chose était absolument vraie, ce ne serait point là de quoi s'enorgueillir; car, dans mille ans, avec ce système, nous creuserions encore, comme les taupes : qu'importe la grandeur, la splendeur et la profondeur du trou, si nous savons que ce trou doit ensevelir toute notre destinée? si nous sommes voués à la Mort, enfin, vers laquelle nous marcherons d'un pas toujours plus rapide, — les cieux, d'après les affirmations même de la Science la plus positive, devant se faire, tôt ou tard, brûlants ou mortels. — A peine si nous pouvons examiner un passé de six mille ans, à peine notre apparition date-t-elle de quelques heures, — et nous osons fonder sur un grain de sable nos suprêmes espérances, alors qu'un rien nous fera, sans rémission, rentrer dans la poussière, dans les ténèbres, dans le Nul.

— Mais, m'écriai-je, la catastrophe dont vous parlez n'aura lieu que dans un laps de temps si considérable qu'il est presque absurde d'y songer ! Conquérons, d'abord, sur la Nature, notre indépendance, et nous verrons plus tard. — D'ailleurs, après nous le Déluge !... et, ma foi, — au petit bonheur !

— Mais nous serons toujours en dépendance, reprit-elle, par cela seul que nous sommes forcés de penser. *Il faut* croire à la Pensée : nier ceci n'étant qu'une pensée encore. Et c'est pourquoi nous n'avons pas une action, pas une idée, pas un raisonnement, qui n'ait son principe dans la Foi. Nous croyons en nos sens, en notre doute, en notre progrès, en notre néant, bien que cela soit douteux, rigoureusement parlant, puisque rien ne se prouve. Le scepticisme le plus profond débute par un acte de foi.

Or, puisqu'*il faut* que nous choisissions, choisissons le mieux possible ! Et puisque la Croyance est la seule base de toutes les réalités, préférons Dieu. La Science aura beau m'expliquer à sa façon les lois de tel phénomène, je veux continuer, à ne voir, moi, dans ce phénomène, que ce qui peut M'AUG-

MENTER l'âme et non ce qui peut l'amoindrir. Si les mystiques s'illusionnentt, qu'est-ce qu'un Univers inférieur même à leur pensée ? Dans la Mort, est-ce la logique de deux abstractions qui me rendra mon propre Infini-divin perdu ?

Non ! Non. Je fermerai donc les yeux sur un monde où mon esprit a l'air d'un étranger. Peu m'importe si les lois du mécanisme des astres sont pénétrées, puisqu'elles ne m'apprennent qu'une destruction certaine ! Tentations, que ces étoiles qui s'éteindront ! Illusion, que le « scientifique » avenir ! L'Histoire des temps modernes, c'est l'histoire de l'Humanité qui entre en son hiver. Le cycle sera bientôt révolu. — Comme les sages des vieux jours m'en ont donné l'exemple sacré, je ne saurais hésiter, moi chrétienne et pécheresse, entre votre « siècle de lumières », et la Lumière des siècles.

CHAPITRE XIII

LES REMARQUES SINGULIÈRES DU DOCTEUR
LENOIR

> L'Ecclésiaste a dit : « Un chien vivant vaut mieux
> Qu'un lion mort. » Hormis, certes, manger et boire,
> Tout n'est qu'ombre et fumée, et le monde est très vieux,
> Et le néant de vivre emplit la tombe noire.
> Leconte de Lisle.

Eu égard au mépris furieux qui m'avait étouffé pendant le cours de cette diatribe, je dus faire jouer le nœud de ma cravate, et, ne sachant comment exprimer, d'une façon copieuse, ma pitié pour de telles doctrines, je me contentai de prononcer huit fois de suite le mot : « *Brava!* » de ma voix la plus flûtée et d'un air de joie enthousiaste.

Une chose me fit plaisir : le docteur, silencieux, s'était assombri à vue d'œil.

Je me frottai les mains; ils différaient d'opinion; la chose était certaine. Peu m'importait sur quel point, — leurs deux convictions me paraissant également absurdes. — L'essentiel devenait de les exciter l'un contre l'autre, de les mettre aux prises, afin de me poser en juge et d'avoir le dernier mot, par cela même — (quitte à penser à mes affaires, sous un air d'attention profonde, pendant qu'ils ergoteraient).

J'espérais même tout doucement que, par mes soins, ce ménage modèle allait bientôt en venir aux mains, ou, — tout au moins, — se prendre aux cheveux à propos de « l'Immortalité de l'âme », et je m'apprêtai, d'avance, à clore le tout par d'amples gorges chaudes.

En ces conjonctures, je résolus de partager l'avis de Lenoir — quel qu'il pût être! Car les théories de sa femme avaient pour spécialité d'énerver mon cerveau jusqu'à lui faire perdre le sentiment de lui-même.

Aussi le Lecteur qui, sans doute, avec son tact ordinaire, s'attend, comme moi, à quelque collision, — toujours fâcheuse entre époux, — comprendra-t-il quelle dut être ma surprise — (je dirai presque mon désappointement), — lorsque j'entendis Lenoir murmurer ces paroles étranges :

— L'intelligence de Claire est une glace profonde, limpide, où ne se reflètent que de sublimes vérités, et je suis fier d'aimer à jamais son être admirable.

A ces mots, je regardai Claire : il me sembla qu'elle devenait livide.

Césaire s'était levé : il fit un pas vers sa femme et, s'inclinant tout à coup, il lui baisa la main, longtemps, en silence, avec une passion dont la ferveur sauvage, — concentrée et contenue — m'étonna de la part d'un homme de 46 ans !

Puis il revint s'asseoir à ma droite.

Il se passa quelques secondes durant lesquelles je ne perçus distinctement que le bruit de la houle : je sus les mettre à profit en rassemblant mes facultés éparses.

— Oui, l'Idéal ! ajouta Lenoir, (qui continuait de tourner brusquement casaque aux principes dont il s'était fait jusque-là le banal champion), oui, l'Espérance invincible ! la Foi ! quoi de plus *positif*, après tout ? N'est-ce pas Swédenborg qui a dit : « La croyance est au-dessus de la pensée autant que la pensée est au-dessus de l'instinct ! » En effet, croire : cela suffit. Et quand je m'efforce d'affirmer l'autocratie d'une philosophie quelconque — (alors qu'il y en a autant que d'individus) — lorsque je me bats les flancs, enfin, pour défendre les arguties de la Science, — si vaine en ses résultats réels, si orgueilleuse en ses troublantes apparences, — je conviens, oui, je conviens que je réprime toujours en moi-même une immense envie de rire.

Et il se détourna vers moi :

— Si l'on savait, ajouta-t-il, jusqu'à quel point la force vive de l'Idée est surprenante et terrible dans les sphères de la Foi! La puissance d'une imagination, d'un rêve, d'une vision, dépasse quelquefois les lois de la vie. La *Peur,* par exemple, l'idée seule de la Peur superstitieuse, *sans motif extérieur*, peut foudroyer un homme comme une pile électrique. Les choses vues par un visionnaire sont, au fond, *matérielles* pour lui à un degré aussi positif, tenez, — que le Soleil lui-même, cette lampe mystérieuse de tout ce système fantasmagorique de création, de disparition, de transformation! — Avez-vous réfléchi sur ces monstres humains tigrés de taches bicolores, de fourrures, — sur les céphalopodes, les hommes-doubles, les fautes horribles de la nature, enfin, provenues d'une sensation, d'un caprice, d'une *vue*, d'une Idée, pendant la gestation de la femme? Avez-vous médité les explications enfantines de la Physiologie à ce sujet?

Si j'ouvre les annales médicales, touchant la réalité presque *pondérable* de l'Idée, tenez, je trouverai, à chaque instant, des faits comme celui-ci : je cite le texte même :
— « Une femme, dont le mari fut tué à coups de couteau, mit au monde, cinq mois après, une fille qui, *à sept ans*, tombait dans des

accès d'hallucination. Et l'enfant s'écriait alors : — « Sauvez-moi ! voici des hommes armés de couteaux qui vont me tuer ! » — Cette petite fille mourut pendant l'un de ces accès, et l'on trouva sur son corps des marques noirâtres, pareilles à du sang meurtri, et qui correspondaient, sur le cœur, malgré les dissemblances sexuelles, aux blessures que son père avait reçues sept ans auparavant, pendant qu'elle était encore *en deçà* des mortels. »

Appelez ceci comme vous le voudrez ; je demande en quoi l'ombre, l'idée, diffère décidément de ce que vous appelez la *réalité sensible*, si le simple *reflet* d'une sensation étrangère a le pouvoir de s'instiller, de s'infiltrer mortellement dans l'essence de notre corps. Quoi ! une ombre — qui n'est qu'une ombre — nous tue malgré cela ?... Réfléchissez.

Ouvrez maintenant les physiologistes : —

Béclard définit la Vie, l'organisme en action, et la Mort, l'organisme au repos. — Le premier mot de Bichat est celui-ci : La Vie est l'ensemble des fonctions qui résistent à la Mort. — Consultez, depuis Harvey, les meilleurs traités : relisez les fameuses recherches de Broussais sur le sang, vous verrez que si un grand physiologiste a pu s'écrier : « Sans phosphore, point de pensée ! » la plupart d'entre eux, surtout les plus récents, (et ce sont les plus logiques avec eux-mêmes), n'admettent ni l'idée de la Vie, ni l'idée de la Mort, ni même celle de l'Organisme. — Maintenant, revenus des principes absolument divergents et contestables de la Physiologie, rapprochez simplement ce fait, que je vous ai cité entre mille, rapprochez-le des phénomènes présentés, par exemple, par le délire des mourants. C'est alors que les visions commencent à être *un peu plus réelles!* que dis-je? à être les seules choses méritant le titre de réalité. La Mort, c'est l'Impersonnel; c'est la réalité de ce qui maintenant n'est que vision. Il est *certain*, pour moi, que nos actions y deviennent un second corps et que le Passé se réaffirme dans la Mort comme de la chair.

Le Passé est une ombre, et nous sentons bien, d'instinct, que la Mort est le domaine des ombres. — La Mort et la Vie ne sont que de rigoureuses conséquences de la dialectique éternelle; et, par cela même que ce sont des nécessités, constituant la double face de l'Existence, elles trouvent, comme le reste, en effet, leur essence dans l'Esprit. « La Pensée étant donnée, la Mort est donnée par cela même! » a dit le Titan de l'Esprit humain : et c'est cela seul qui peut *prouver* l'Immortalité. « Supprimez la Pensée, il restera des substances qui pourront tout au plus être *éternelles,* mais qui ne seront pas *immortelles ;* car la Mort ne commence que là où s'éteint et disparaît la Pensée. La Mort, créée par l'Esprit comme la Vie, relève de l'Esprit. »

Et ce que nous appelons la Mort, n'est, en effet, que le moyen terme, ou, si vous préférez, la négation nécessaire, posée par l'Idée pour se développer jusqu'à l'Esprit, à travers la Pensée.

J'irai presque jusqu'à dire que nous pouvons avoir, même dès à présent, de ce côté-ci du Devenir, quelques lueurs des épouvantes qui nous attendent, et que notre propre passé nous réserve. — Rappelez-vous ces milliers d'individus, noyés ou pendus, qui, à la dernière minute de la suffocation, au moment où ils allaient mourir, ayant été secourus et rappelés à la vie, ont sus affirmé s'être vus sur le point de *passer* dans toutes leurs actions, dans toutes leurs pensées, les plus oubliées, et cela d'une manière inexprimable à la langue des vivants.

— La vraie question n'est donc pas de savoir si « l'âme est immortelle », puisque c'est d'une évidence qui ne se prouve pas plus qu'aucune autre. La question est de savoir *de quelle nature peut être cette immortalité et si nous pouvons, d'ici-bas, influer sur elle.*

— Alors, m'écriai-je complètement ahuri par ce flot de paroles incohérentes et saugrenues, vous croyez — (je me sentis rougir de ma phrase!) — vous croyez réellement à une certaine « matérialité » de l'âme?

— Je crois, du moins, — en dehors de tous vains sophismes dialectiques — répondit Lenoir, — que, par exemple, la force de Suggestions que peut exercer, — *du fond de la* TÉNÈBRE, — un défunt vindicatif sur un être vivant qui lui fut familier, — (auquel, par conséquent, le rattachent obscurément mille et mille fils invisibles), — oui, je crois, dis-je, que cette force de Suggestions peut, sur cet être, devenir oppressive, meurtrière, formidable, — *matérielle*, enfin — durant un temps indéterminé. Car il est des défunts vivaces! en qui la Mort, elle-même, n'abolit pas *immédiatement* les sentiments et les passions.

Je vis qu'il fallait en finir avec des fumisteries dont l'horreur commençait à m'impressionner moi-même.

— Mon ami, lui dis-je, permettez-moi de vous citer Voltaire, un bel esprit comme vous : « Quand celui qui parle ne se comprend plus, quand celui qui écoute n'est plus à la conversation, on appelle cela de la métaphysique. »

Lenoir me regarda silencieusement.

— C'est vrai, dit Claire en s'approchant

de nous : mais le même personnage a dit aussi, quelque part, dans le conte du Phénix : « La résurrection est une idée toute naturelle : il n'est pas plus étonnant de naître deux fois *qu'une.* »

— Oh ! dis-je, la résurrection... c'est pour rire, voyez-vous, que Voltaire, un esprit droit, a laissé échapper ces folies.

— Bon ! répondit Claire en souriant, si vous mettez en question la persistance de la personnalité dans la Mort, je pourrai vous montrer que c'est là une dépense d'esprit inutile. Et, d'abord, je voudrais bien savoir si elle n'est même pas en question dans la Vie ? Où le *moi* est-il bien lui-même ? Quand ? A quelle HEURE de la vie ? Votre *moi* de ce soir est-il celui qu'il sera demain ? celui d'il y a cinquante ans ? — Non.

Nous sommes les jouets d'une perpétuelle illusion, vous dis-je ! Et l'Univers est bien réellement un rêve!... un rêve!... un rêve!...

— Un mauvais rêve, même! ajouta Lenoir tout pensif : car, — je ne puis que le répéter avec stupeur, — tout ce que j'ai appris de philosophie n'a pas modifié la nature inquiétante et *farouche* qui est en moi, et j'ai peur de devenir, une fois pour toutes, — *en quelque autre système de visions*, — ce que je suis.

Ah! si j'avais, comme Claire, le tremplin de la Foi pour sauter hors de ces mornes pensées, dont je suis le hagard prisonnier!... Mais voilà : je suis TROP de ce monde : je ne sais pas, au juste, — en un mot, — où *deux et deux pourraient bien ne pas faire quatre.* Et, cependant!...

CHAPITRE XIV

LE CORPS SIDÉRAL

« Des mots! des mots! des mots! »
SHAKSPEARE, *Hamlet*.

Lenoir articula ces mots sur un ton qui glaça, définitivement, le sourire sur mes lèvres ; et il me sembla, tout à coup, que, pendant notre causerie, la Nuit elle-même s'était approchée et qu'elle allait, à son tour, donner ses arguments et se mêler à la discussion. Le fait est que la simple nuit du dehors, où les souffles froids faisaient claquer leurs lanières sur les vagues, roulait maintenant, sous d'épais nuages, son horreur sans astres. Ce changement d'impressions fut si rapide que je me crus halluciné. Il me parut que nous devenions d'une grande pâleur; les rideaux de la fenêtre remuaient; nous étions sous l'influence de Minuit.

Je sentis alors le mal héréditaire qui est en moi se réveiller au profond de ma nature, et, ne pouvant supporter la vue de l'espace désolé, je me levai précipitamment, et fermai la croisée avec ce tremblement de mauvais présage qui est chez moi l'avant-coureur des angoisses de l'enfer.

Ah! cette maladie! comment cela se fait-il? N'est-ce pas affreux?

Toutefois, je dissimulai de mon mieux l'état de mes sensations, et ce fut d'un air indifférent que je répondis à Lenoir :

— Prétendez-vous inférer par là que vous

avez en vous un autre personnage que vous-même, docteur ? — Diable ! ce serait fort inquiétant, je l'avoue, surtout pour l'état de votre bon sens.

— Mais vous-même, Bonhomet, répliqua Lenoir après un silence et en attachant sur mes yeux ses prunelles étincelantes, — vous-même, pourriez-vous me dire *si l'être extérieur, apparent, que vous nous offrez*, qui se manifeste à nos sens, est réellement *celui que vous savez être en vous ?*

Cette question inattendue me remua la conscience. Je regardai le docteur sans répondre.

— Et, continua-t-il, cet être extérieur, seul accessible et perceptible, n'a-t-il pas toujours en lui son spectateur, son contradicteur, son juge ?

— Oui, dis-je, c'est la théorie des anciens : *Homo duplex ;* — où voulez-vous en venir ?

— A ceci, que ce compagnon intérieur,

cet être occulte, est le seul RÉEL ! et que c'est celui-là qui constitue la personnalité. Le corps apparent n'est que le *repoussé* de l'autre, c'est un voile qui s'épaissit ou s'éclaire selon les degrés de translucidité de qui le regarde, et l'être-occulte ne s'y laisse deviner et reconnaître que par l'*expression* des traits du masque mortel. — L'organisme, enfin, n'est qu'un prétexte au corps lumineux qui le pénètre ! Et l'on ne songerait jamais à son corps, — excepté, peut-être, pour en entretenir la vie, — si l'on était seul. — Remarquez-le : si deux hommes sont liés ensemble par un sentiment quelconque, ils finissent par oublier peu à peu les détails de leur aspect : *ils ne se voient plus ;* ils sont en relation d'une manière plus profonde, et c'est leur être moral qu'ils voient réciproquement ; ils savent qui ils sont, sous le simulacre palpable.

— Ceci est spécieux, — murmurai-je, pour dire quelque chose.

— Et c'est ce qui donne la clef de bien des contradictions mystérieuses, ajouta le docteur. Le corps apparent est même si peu le réel que, fort souvent, *ce n'est pas un homme qui habite dans la forme humaine.*

— Oh! oh!... m'écriai-je, avec une crispation nerveuse, car il me sembla qu'un caïman venait de tressauter en moi.

— Quoi! n'avez-vous jamais vu prédominer le type d'un animal, — de plusieurs animaux quelquefois, — sur une physionomie? Eh bien! observez avec attention les mouvements familiers, les instincts, les tendances de l'individu chez lequel prédominera le type de l'*ours*, par exemple, ou du *tigre*, et vous éprouverez l'obscure vision, en lui, d'on ne sait quel être fauve fourvoyé dans une enveloppe étrangère. Croyez-vous qu'il soit beaucoup d'hommes et de femmes, conformes à leur notion, dans l'Humanité terrestre ? L'homme n'est qu'un animal divin, différencié des autres par l'Idéal ! — Et celui en qui le souci des choses-éternelles n'est pas en éveil sans cesse au fond de sa conscience, celui-là tient encore de l'animal et n'est pas tout à fait sorti des ténèbres : celui-là n'est pas l'Homme, en réalité, et l'expression de sa physionomie le trahit à chaque instant, malgré sa forme apparente. De même la Femme conforme à sa notion est celle qui, reflétant les espérances sublimes, comme une glace limpide et profonde, élève l'amour et l'espérance au delà de la Mort. Pensez-vous que de tels êtres soient nombreux dans notre espèce ? Allons ! soyez-en persuadé, les villes sont semblables aux forêts, — et il n'est pas difficile d'y retrouver les bêtes féroces.

— Vous croiriez que la plupart des vivants, interrompis-je...

— Sont engagés encore dans les liens inférieurs de l'Instinct, sont des bêtes invisibles, transfigurées par leur travestissement, si vous voulez, — dit le docteur, en riant d'un rire qui me montra deux rangées de dents à faire honneur aux maxillaires d'un Caraïbe, — mais *sont* des BÊTES RÉELLES ! — Et ajouta-t-il, les traits de leur visage (dans l'expression desquels transparaît l'essence lumineuse de leur véritable organisme) le prouvent surabondamment. De là leur natale haine pour la Pensée ! leur soif, inextinguible, *organique*, foncière, d'abaisser, d'aniaiser, de profaner toute noble et pure tendance ! de là leur mépris *grotesque* de tout art sublime, de toute charité désintéressée, de tout ce qui n'est pas bas et impur — comme leurs préoccupations, leurs actes et leurs œuvres! — De là leur façon de démontrer la justice de leurs opinions avec des coups et du sang! de là leur impossibilité de comprendre l'Homme véritable, issu de l'En-haut! Oui, vous dis-je, et croyez-le bien, le corps apparent n'est pas le réel; il change d'atomes à chaque instant, il se renouvelle *entièrement* à chaque révolution de six ou sept mois; il N'EST PAS, à proprement parler. Ce n'est que du devenir dans le Devenir. C'est sa *forme*, son idée, son unité impalpable qui *est*, et sur laquelle se superpose son Apparaître. Et l'une des preuves *physiques* de ceci, c'est que les physionomies se bestialisent ou s'illuminent aux approches de la Mort, d'une manière frappante, pour qui a, dans les prunelles, de quoi regarder!

— Mais, c'est l'*Ame*, tout bonnement, dont vous voulez parler, mon ami! interrompis-je;

et alors... ce serait *Homo triplex,* qu'il faudrait dire !

Lenoir ne répondit que par un léger haussement d'épaules.

— Et moi, et moi-même, s'écria-t-il tout à coup, tenez ! le croiriez-vous jamais ? Je sens en moi des instincts dévorateurs ! J'éprouve des accès de ténèbres, de passions furieuses !.. des haines de Sauvage, de farouches soifs de sang inassouvies, *comme si j'étais hanté par un cannibale !*... Oui, c'est fou, mais c'est ainsi : et je connais bons nombre de docteurs aliénistes qui en pourraient avouer autant d'eux-mêmes, si leur gagne-pain ne les contraignait pas au calme, à la dissimulation et au silence. Et, lorsque je quitte le royaume de l'Esprit, je distingue très bien cette nature infernale, en moi !... C'est la *vraie !* Et toutes les spéculations métaphysiques me paraissent alors comme une filiation de miroitantse billevesées, incapables non-seulement de me racheter de cette horrible *forme* intellectuelle, — presque diabolique — mais de me donner un seul instant de stable espérance! C'est pourquoi je redoute ce vestiaire qu'on appelle la Mort. C'est pourquoi je ne suis pas tranquille, vous dis-je!... Non, je me connais trop pour l'être jamais!

Une heure sonna. Je me levai; j'étais un peu remis de mon attaque nerveuse; Lenoir ayant, cette fois, été par trop excessif, ayant dépassé en un mot, le but, à force de l'exagérer. Décidément je trouvais de plus en plus ineptes ses lubies superficielles.

— Nous reprendrons cet entretien, fis-je, en souriant.

— Oui, dit-il, préoccupé et toujours un peu sombre.

Et, tirant de sa poche une petite édition

portative de la Bible, il termina sa péroraison en s'écriant :

— Nous nous occuperons aussi de ce livre-là ! (Et il tapait sur la couverture comme sur une tabatière.)

Il l'ouvrit machinalement, au hasard, et tomba sur le chapitre des lois de Moïse consacré à l'adultère et à ses châtiments.

Le passage une fois lu, il moucha son grand nez avec un bruit dont je me sentis alarmé. Il y eut un silence pendant lequel il m'examina comme pour juger de l'effet produit sur mon être par ce style.

J'avais remarqué seulement qu'à ce mot « l'adultère » Mme Lenoir avait longuement et silencieusement tressailli dans son fauteuil. Mais ce ne fut là, sans doute, qu'un mouvement nerveux éveillé soit par le souvenir de quelque amourette de bal, soit par la fraîcheur du soir et de la mer. Les verts fourrés de Paphos auront toujours leurs mystères, et le petit dieu malin sait bien ce qu'il fait : du moins, telle fut mon opinion.

Quant au lieutenant, quant à sir Henry Clifton, l'idée ne m'en vint même pas !

Lenoir ferma brusquement la Bible et ajouta très bas, comme à lui-même :

— En effet, comment pardonner à l'adultère ? O rage ! cette idée-là m'affole, je le confesse ! — Oui, je sens que j'assouvirais ma vengeance — et que la perte des paradis ne l'arrêterait pas, — même dans les régions de la Mort, — si...

Et son regard tourné vers sa femme alla se briser sur les lunettes vertes et sur le visage terne.

Claire se leva, prit un bougeoir allumé :

— Tu n'y penses pas, dit-elle : notre ami a besoin de repos.

Et elle me tendit le bougeoir en souriant.

Une minute après, je m'endormais en riant à chaudes larmes, dans mes draps, de ce couple fantastique.

CHAPITRE XV

LE HASARD PERMET A MON AMI DE VÉRIFIER
INCONTINENT SES THÉORIES HUMILIANTES

> La Mort est femme, — mariée au genre humain, et fidèle. — Où est l'homme qu'elle a trompé ?
>
> HONORÉ DE BALZAC.

Je passe rapidement sur l'existence charmante et retirée que nous menâmes tous trois pendant une dizaine de jours, après lesquels mon pauvre ami, couché sans vie dans sa chambre et le drap mortuaire ramené sur le visage, reposait entre deux cierges.

Il avait été emporté brusquement, hélas ! par une attaque d'apoplexie foudroyante, causée par l'abus, vraiment immodéré, du tabac à priser. Je l'avais, maintes fois, averti des inconvénients de cette herbe terrible — et des dangers qu'il bravait, pour ainsi dire, en se jouant. J'avais échoué.

Dédaigneux des remontrances de sa tendre femme qui s'était jetée plus d'une fois à ses pieds, le conjurant, au nom des sentiments les plus sacrés, de renoncer à son immonde passion, il ne diminuait même pas les doses de poudre qu'il introduisait et agglomérait, à chaque instant dans ses fosses nasales, à la longue saturées de nicotine. Le poison ne tardait pas à pénétrer de là dans tout l'organisme, à le perturber jusqu'au délire, — et quelquefois (disons-le tout bas), jusqu'à la folie furieuse.

Dés les premiers jours, ayant remarqué sa

manie, je résolus de le guérir ! de le sauver !

Et, pour diversifier et amuser en lui le démon de l'habitude, j'avais essayé de substituer dans sa boîte d'or, du nitrate d'argent, du sucre de réglisse, du chloroborate de « mercure », du charbon de terre, du phosphure de calcium, de la raclure de vieux souliers, de la soude caustique, de la poudre à canon et mille autres drogues inoffensives. Bref, j'eus, vraiment, pour lui les sollicitudes d'une mère. — Inutiles efforts ; il prisa tout d'un nez indifférent, aux cartilages blindés. — Néanmoins, je ne me tins pas pour battu. Décidé à le guérir par mon système d'homéopathie, — le seul sérieux pour qui n'a pas le bon sens oblitéré, — je m'enfermai dans le laboratoire de chimie.

Ce que l'ingéniosité humaine peut inventer en fait de fougueux sternutatoires et de révulsifs terribles, j'ai su le glisser en sa tabatière. Il fallait qu'il succombât ou qu'il guérît. J'étais décidé à recourir fût-ce aux explosifs pour en finir avec son mal. Il n'est pas, je me plais à l'espérer, d'ingrédients dus à toutes les branches du savoir, dont je ne lui aie fort habilement bourré les cavernes. J'ai fait chauffer, au péril de ma vie, les creusets où se pulvérisaient, après concoction, les sucs des plantes les plus délétères, si utiles en médecine quand leur dosage est pondéré. Il me semblait voir dans tout cela le doigt de Dieu. J'avais négligé momentanément mes chers infusoires ; l'amitié seule était mon guide,—et souvent, de nuit, quand réveillé en sursaut par quelque cauchemar, j'apercevais mes carreaux empourprés par les reflets du laboratoire où bouillonnaient, nuit et jour, les alambics, les matras à tubulures et les cornues, je me délectais, avec attendrissement, à a pensée que tout ce qui se faisait là, sous la garde des bons génies de la vraie Science, serait situé le lendemain dans l'appareil olfactif de mon déplorable ami.

Au moment où mes soins et mon traitement allaient être couronnés d'une récompense inespérée — (car je crois me rappeler qu'il commençait à regarder, par moments, sa tabatière avec une indéfinissable expression), — un certain samedi soir, — environ dix jours après mon arrivée dans la maison, — après un dîner des plus enjoués, — il pâlit au dessert, tout à coup! ses yeux se fermèrent, il remua les lèvres, — il était mort.

J'eus la présence d'esprit, au milieu du saisissement général de Claire et des domestiques, de pencher mon oreille vers sa bouche pour entendre ce qu'il avait l'air de dire à voix basse, et je distinguai fort nettement la phrase bizarre que j'ai citée plus haut.

— « En effet, murmurait le pauvre Lenoir, — comment pardonner à l'adultère?... Je sens — *à présent*, — à présent que je vais sans doute incorporer le sentiment que j'ai toujours eu de moi-même, — oui, je sens que, du fond des ténèbres-extérieures, j'assouvirais ma vengeance — si...

Ce furent ses dernières paroles. On se fait une idée dans quel deuil, dans quelle consternation nous fûmes abîmés! Où trouver des expressions? J'y renonce. — Et d'ailleurs, siérait-il d'introduire le public dans la douleur d'un particulier?

CHAPITRE XVI

CE QUI S'APPELLE UNE CHAUDE ALARME

> Le cri du réprouvé ne traduit que cette pensée :
> « Si j'avais su ! — Et je le savais ! »
> COMMENTAIRES SUR LA THÉOLOGIE.

Ho ! ho, moi aussi je sais être « poète », quand les circonstances l'exigent, lorsqu'en un mot cela cadre avec la solennité d'un événement. Le lyrisme, quand il a sa raison d'être, n'est point chose inutile : que n'absoudrait-il pas ? Je pourrais en vivre, au besoin, comme presque tout le monde le fait, aujourd'hui, si je daignais m'abaisser jusqu'à confier mes idées à l'imprimerie.

Oui, je saurais passer, moi aussi, pour « poète », — si j'étais dans l'âge où cette plume au chapeau procure des bonnes fortunes. Vraiment, je sais bon nombre de plumitifs qui, — si ce métier ne rapportait ni argent ni femmes, — cesseraient, sur-le-champ, d'exploiter, par leurs singeries, l'imbécillité des particuliers et redeviendraient tout juste aussi Gros-Jean que moi, — ce qui, d'ailleurs, serait... ce qu'ils auraient de mieux à faire, le cas échéant.

Or, l'incident Lenoir était, on en conviendra, de nature à m'inspirer sinon des prosopopées, du moins de très « poétiques » solennités d'idées et de phrases.

La chambre du défunt, située au troisième étage, était haute. Sur le visage du mort, étendu, couleur de cire et glacé, quelques gouttes d'eau bénite, où tombait la lueur des cierges, reluisaient, diamants funèbres.

Mᵐᵉ Lenoir était à genoux, contre le lit, la tête sur le drap, les mains jointes au-dessus de son front; moi j'étais agenouillé aussi, mais plus loin; dans le coin obscur au fond de la chambre, derrière une commode, assis sur mes talons, les mains jointes, la tête baissée, regardant toujours fixement un point rouge dans le tapis. — Nous étions seuls. Le prêtre et le médecin s'étaient retirés depuis une heure, devisant à voix basse. La porte s'était refermée.

Un grand crucifix d'ivoire, entre les rideaux, semblait pacifier les ténèbres.

J'accusais, avec rage, l'impitoyable nature qui me privait de mon ami et j'aurais presque douté de la Science, si je n'eusse fait la part de mon désespoir.

— Tout à coup, je ne sais ce qui se passa;

mais, pour dire l'exacte vérité, j'éprouvai une chose dont l'analyse ou même l'énonciation distincte — me semblent situées au delà des termes dont peut disposer une syntaxe humaine. Une commotion de froid dans les yeux, dans le cœur et sur les tempes, simplement.

A ce moment-là, comme j'allais me demander ce que j'avais, la jeune veuve se releva brusquement, les cheveux hérissés, la flamme des cierges dans les verres de ses lunettes, les bras dressés ! Terrifiante, elle poussa, dans le profond silence, un cri tellement imprégné et saturé d'une horreur folle, que je me sentis envahir, des pieds à la tête, par l'effroi, — l'effroi sans autre qualification.

La Peur m'inonda, pour ainsi dire, à l'improviste. Je fus glacé. Elle paralysa, pendant un moment appréciable, le jeu de mes facultés. — Je me bornai à ouvrir et à fermer les yeux alternativement ! — Enfin, je pris sur moi de la regarder à la dérobée.

Son attitude n'était point faite pour rassurer un pauvre vieillard ! Elle me désola ! Le résultat de cette contemplation fut le tremblement, l'évanouissement instantané de mon sens moral, en une seconde ! Et je me mis, sans bouger autrement, toujours à genoux dans le coin obscur, à pousser de grands, lents et prolongés hurlements, chromatiques, et dont le volume augmentait en proportion qu'ils descendaient vers les notes graves de mon registre de basse profonde. Au troisième hurlement, je sentis ma propre frayeur friser le délire, et je déchargeai mon âme par un petit rire à peine distinct, qui eut pour effet immédiat de combler la terreur de la jeune femme à ce point qu'elle courut vers la porte, prise d'une panique, et enfila les escaliers où, sans tarder, je la suivis quatre à quatre, — sans perdre, comme on dit, le temps en oiseux commentaires.

Nous mîmes deux secondes à franchir paliers et rampes, jusqu'à la porte du jardin. Dans notre précipitation simultanée à vouloir ouvrir cette exécrable porte, nous neutralisions mutuellement nos efforts ; je poussai alors, dans ma détresse, un grognement étouffé, dont le bruit me fit tomber en syncope entre les bras de la pauvre femme ; ses genoux s'entrechoquèrent et nous roulâmes à demi-morts sur le parquet.

Puis ce furent des cris et des flambeaux, des pas lourds et hâtés. Les domestiques, effarés, accouraient ; Mme Lenoir répondit à voix basse à une question du vieux valet. On nous porta chacun dans notre chambre.
— Une heure après, sentant que je ressaisissais la possession de moi-même, je sautai à

bas, je fourrai tout ce que j'avais, pêle-mêle, dans ma valise, et je me mis à fuir par le jardin, escorté silencieusement et jusqu'à la porte, par le basset. Je courus, d'une haleine, au bureau des diligences, je m'installai dans la première rotonde venue, et j'éprouvai un grand plaisir, — au premier ébranlement des roues et au bruit des postillons qui soulevaient l'attelage à coups de fouet. — Je sentais que je m'éloignais de la maison Lenoir !... en laquelle je me promettais, *in petto*, de ne jamais remettre les pieds, même pour sauver mes derniers jours.

Ah ! ah ! je repris le cours de mes grandes découvertes. — Je vis du pays ! — Je puis même dire que j'ai fait faire à la Science des pas de géant !

— Mais l'important est d'achever cette histoire. Ce que j'ai à dire est une chose si terrible, que j'ai été prolixe à dessein. — Je n'osais pas! — Je reculais le moment fatal!... Mais — j'ai bu, ce soir, des vins capiteux qui m'ont excité la cervelle... et je parlerai.

CHAPITRE XVII

L'OTTYSOR

> Il y a plus de choses au Ciel et sur la Terre, Horatio, que n'en peut rêver toute votre philosophie.
>
> Shakespeare, *Hamlet.*

Une année après, je me trouvai dans le midi de la France. J'avais exploré la chaîne des Alpes; je m'arrêtai à Digne. — Selon mes habitudes d'isolement, je fus me loger dans une hôtellerie de faubourg. Mes journées, je les passais dans les campagnes, muni de mes instruments.

Un soir que, harassé par mes recherches,

je rentrai fort tard, j'enjoignis au garçon de m'apporter dans ma chambre une tranche de poisson, quelques poires et deux litres de café pour ma nuit.

Le garçon était d'un extérieur solennel.

— Monsieur ignore que c'est fête publique ?... A l'exception d'une vieille dame malade et couchée, il n'y a pas un chat dans la maison. Personne aux cuisines ! Tout le monde est parti pour aller voir le feu d'artifice. — Monsieur trouvera des restaurants s'il veut suivre cette rue qui mène à la grande cité ; — il est venu aussi cette lettre pour monsieur.

Je pris tout doucement la volumineuse lettre, et je lus, à la clarté de la chandelle qu'il élevait près de mon front.

La lettre venait d'Angleterre. Un de mes correspondants de Londres, homme très original comme le sont un peu tous les Anglais, m'annonçait le gain d'un procès capital pour sa maison — ce dont il espérait — disait-il assez plaisamment — que je me réjouirais avec lui. Le post-scriptum ajoutait que — « à propos » un jeune Anglais de mes amis, officier de marine, venait de périr d'une mort des plus tragiques, au cours d'une mission dans l'extrême Océanie. Le steamer d'exploration qu'il montait se trouvant engagé dans le 14ᵉ de latitude sud, et le 134ᵉ de longitude, à hauteur des Marquises, en avant du groupe sinistre des Pomotou; l'on avait mis à la mer une embarcation, commandée par cet officier, pour reconnaître les atterrages — de l'un de ces vastes îlots, d'aspect désert, sortes de volcaniques blocs de lave qui jaillissent, noirs, à de prodigieuses altitudes, — et balancent, dans l'orageux ciel du grand océan équinoxial, d'énormes forêts d'un vert intense.

13.

« En ces parages, les plus reculés, pour ainsi dire, de notre globe, nul commerce possible n'ayant paru aux nations civilisées mériter que l'on risquât des bâtiments au milieu des innombrables récifs qui en hérissent les abords, ces îlots, perdus en des étendues de flots demesurées, demeurent tout à fait inconnus : cet archipel en compte plus de sept cents, dont quelques-uns seulement sont madréporiques.

« Les effroyables tempêtes, les enlisements d'un certain sable basaltique pareil à de la poussière d'anthracite, les tombées, parfois soudaines, de brumes stagnantes, rendent ces régions funestes aux navigateurs, qui ont surnommé ces eaux la Mer-dangereuse : et tant de bâtiments de tous pavillons s'y sont perdus que l'on a silencieusement renoncé à s'y égarer. Seule, une secte de pirates polynésiens, les Ottysors, guetteurs de naufrages, s'y réfugient par les mauvaises nuits et, les uns tapis dans les cavernes, les autres errants à travers les roches, attendent des proies.

« Or, au moment de l'événement, le petit détachement d'éclaireurs, sous les ombres du soir, longeait, sur la falaise de l'îlot, les périlleux sables et regagnait le bord. Le jeune officier, qui s'était peut-être avancé d'une cinquantaine de pas en avant de l'escorte, fut si brusquement assailli, au détour d'un roc, par un grand insulaire noir, (— sans doute l'un de ces Ottysors-pirates) — que celui-ci lui avait déjà tranché la tête et, s'inondant de sang, la balançait à bout de bras avec des gestes affreux, avant qu'un mouvement quelconque de défense, avant qu'un coup de feu, qu'un cri même eussent eu le temps de s'effectuer. Comme l'escouade se précipitait pour le massacrer, on le vit s'aventurer, à pas lents, sur les sables mortels, où lui fut envoyé un feu de salve continu, qui éclaira le crépuscule, pendant que le *fantastique* indigène, se vouant lui-même à la mort, s'enlisait peu à peu, devant l'équipage interdit, sous les dunes de ces plages fatales et, disparaissait, dans l'étouffement, en agitant par les cheveux, en son poing levé tout droit, la tête sanglante qu'il avait l'air de montrer victorieusement aux étoiles. Le malheureux ami n'était autre qu'un lieutenant de vaisseau nommé sir Henry Clifton, avec lequel, disait mon correspondant, je devais avoir fait route de Jersey à Saint Malo. »

Je m'abstins, sur le moment, de toute réflexion relative à sir Henry Clifton au reçu de cette fâcheuse nouvelle. J'avais entendu parler de ces très rares Ottysors couleur de jais, ou *guetteurs de naufrages*. Les marins de Norwège et de Hollande nomment aussi ces nègres les Démons des enlisements. Ces féroces cannibales sont enveloppés d'un mystère non pénétré encore. La nuit, parfois, on entend, au loin, sur les écueils, leur grand cri, sombre hurlement de guerre. Ce sont de véritables *ombres*. Aucun d'eux n'a été fait prisonnier, et, malgré les décharges, on ne les voit ni tomber ni fuir. « On ne sait ce qu'ils font de leurs morts, *s'ils meurent*, » dit assez étrangement le géographe danois Bjorn Zachnussëm.

Je résolus de bannir de ma mémoire cette aventure qui me parut de nature à pouvoir troubler mon sommeil.

— Ne m'avez-vous point parlé d'une vieille dame malade? dis-je au garçon en mettant la lettre dans ma poche ; a-t-elle soupé?

Le garçon, qui cherchait à épier sur mes traits l'effet de la lettre, fut quelque temps sans répondre.

— Non, dit-il enfin, son souper est là.

— Bien, répliquai-je; puisqu'elle est malade, je mangerai son souper; cela lui fera du bien.

Et je me mis à rire de ce bon mot dans le sonore escalier.

Je n'étais certes pas arrivé aux deux tiers de la durée habituelle et régulière de mon rire, lorsque mon nom, prononcé d'une voix agonisante, me parvint à travers la porte la plus voisine sur le palier où je me trouvais.

Je me sentis mal à l'aise et je m'arrêtai court.

— Qu'est-ce que cela? dis-je au valet.

— Ça? dit-il, c'est la vieille dame... Il faut croire qu'elle vous connaît.

— Quel est le nom de cette dame?

— Mme Lenoir.

— Mme Lenoir!... dis-je très bas après un silence. — Quoi! la charmante et incomparable Mme Lenoir, la veuve de mon pauvre ami?... — Toutefois, comment pourrait-elle se trouver ici ? me demandai-je à moi-même.

Le garçon mit sa langue contre ses dents et fit entendre un susurrement d'indifférence.

— Je ne sais, dit-il élégamment.

Le plus gracieux de mes sourires accueillit cette tournure de phrase, et il fut accompagné, vraiment malgré moi, d'un fort coup de pied à la chute des reins de ce jeune Mercure. Le bougeoir tomba, — et, comme le garçon, saisi d'une épouvante que je cherche encore en vain à m'expliquer, entreprenait de renouveler à lui seul, dans les escaliers, la course d'Hippomène et d'Atalante, je relevai le bougeoir et je frappai discrètement trois coups, avec l'os de mon saturne, contre la porte inquiétante ; je tenais de l'autre main le bougeoir et mon sac de promenade.

— Entrez donc! me dit une voix vaguement connue.

Je levai le loquet et une forte odeur de peinture fut la première sensation dont je me sentis douloureusement affecté. Les murailles, récemment récrépies, étaient d'un blanc argenté, absolument uni et huileux. Elles éveillèrent dans mon esprit, instantanément, l'idée de ces plaques de métal dont se servent dans les ateliers les dignes émules de Daguerre pour augmenter les reflets du jour. — Dans le lit, couvert de rideaux blancs, une femme, au visage jaune et tiré comme parchemin, se tenait, toute habillée de deuil, et accoudée. Une énorme paire de lunettes bleuâtres lui couvrait les yeux. Sur la cheminée brillaient deux ou trois flacons aux étiquettes de pharmacien. Une chandelle fumait sur la table de nuit.

— J'ai reconnu votre voix, docteur, malgré le temps et le chagrin ! me dit sans bouger la dame couchée. Asseyez-vous près de mon lit : j'ai à vous faire part d'une chose. J'ai failli perdre votre trace depuis Genève, mais ce matin, dès mon arrivée... Et puis j'étais sûre de vous trouver avant de mourir.

Je m'approchai, dans ma compassion, de ce spectre. J'hésitai vraiment à reconnaître la belle Claire Lenoir, en considérant les ravages causés sur ce visage, évidemment par quelque angoisse mystérieuse ; elle était comme brusquement vieillie.

Je lui fis sentir toutes ces choses avec ménagement. Elle commença à me regarder derrière ses lunettes, dans un profond silence.

— Oui, murmura Claire Lenoir, d'une voix égale, vous êtes un horrible vieillard !

Et elle demeura comme pensive.

Pour la première fois de ma vie, je compris certains jeux de scène des théâtres de genre : je jetai naïvement les yeux autour de moi, ne sachant à qui elle parlait. A ne rien céler, nous étions seuls.

Je lui pris le bras et lui tâtai le pouls ; il était à la fois capricant et filiforme ; j'eus pitié de sa folie et m'assis à son chevet.

CHAPITRE XVIII

L'ANNIVERSAIRE

....
Dont se réjouissaient l'essaim des mauvais anges,
Nageant dans les plis des rideaux.

CHARLES BAUDELAIRE.

— Dites-moi, dites-moi ce que vous a confié sir Henry Clifton !... demanda Claire Lenoir, d'une voix horriblement basse.

— Ah ! ah ?.., répondis-je : — Rien.

— Vous savez ce qui s'est passé pendant un voyage de M. Lenoir, mon mari : vous le savez !

Je mis les deux mains en croix sur ma poitrine :

— Je n'en sais pas un seul mot ! dis-je.

— Eh bien, soit ! continua Mme Lenoir, — je ne vous raconterai pas les circonstances inouïes de ma misérable chute; enfin, je fus aimée ! Je suis coupable !

— Infâme créature ! pensai-je.

Puis, tout haut :

— Eh bien, dis-je, quel mal y a-t-il à cela ?

— Je sais qu'une faute ne peut se racheter par soi-même... mais, depuis, je suis restée fidèle à M. Lenoir, jusqu'à sa mort — fidèle, même en pensée.

— Je ne suis pas un prêtre, madame.

— Le prêtre sort d'ici et je vous dis que je vais mourir, répondit Claire d'un air préoccupé.

— Oh ! ma bonne madame Lenoir ! se

peut-il ? — Vous exagérez ! Le teint n'est pas du dernier mauvais, la voix n'est point sifflante, et, à moins d'une attaque à laquelle nous sommes tous exposés, vous ne me paraissez que relativement bien portante.

— Qu'est-ce alors que ceci, docteur ? fit-elle en relevant ses lunettes.

Je me penchai.

— Ceci ?... dis-je après un rapide examen, — ah diable !... il y a, en effet, quelques symptômes de...

— De ?... fit-elle de sa voix qui me faisait tressaillir les nerfs.

— D'une maladie qu'il serait absurde de ne pas traiter à temps ! ajoutai-je. Ce ne sera rien.

Et je pensais, à part moi : — La chose est certaine : il est trop tard.

— Achevez donc ! s'écria-t-elle ; vous figurez-vous que j'aie peur ?

Elle tremblait ; mais plutôt, je dois le dire, à cause de certain dépérissement nerveux que par frayeur de la mort imminente dont elle avait évidemment conscience.

— Soit, répondis-je ; écoutez bien : l'apoplexie est une petite déchirure au cerveau : je vois maintenant les veines des paupières, des tempes, de la figure même, congestionnées d'une manière très extraordinaire : on dirait qu'elles vont éclater.

Et je me levai pour considérer l'étiquette des flacons.

— Je vais chercher ce qu'il faut, lui dis-je.

En moi-même je me promettais de ne pas revenir, puisque je sentais que mon ministère serait inefficace.

— Inutile ! restez ! La mort est une chose à laquelle je suis préparée depuis longtemps. Je connais mon état : dans quelques minutes, à dix heures, tout sera fini. Restez donc en place! Et croyez que je suis en possession des dernières lueurs de ma raison. Je vous l'ai dit : j'ai quelque chose de singulier à vous raconter.

Que pouvait-elle avoir de singulier à me raconter? Rien, évidemment. Et puis je ne voulais pas l'entendre.

— Ma foi! ma chère madame Lenoir, m'écriai-je à pleine voix, je vous avoue que je suis dans l'admiration! Le fait est que vous êtes au plus mal! Et que, d'un moment à l'autre, vous pouvez être forcée par la Nature de me fausser compagnie! Mais j'aime les braves, moi, j'aime les braves!... Et au diable les poltrons! — Parlez donc, — et vite! — car votre voix faiblit.

— Oh! taisez-vous! taisez-vous! dit-elle, brisée.

Je me sentis choqué et mortifié : je pris un cure-dents par contenance et me tus.

— Penchez-vous que je vous parle, dit-elle.

J'obéis avec répugnance.

— *Vivant*, continua-t-elle, il n'a rien su ! — rien ! jamais rien ! Mais comprenez bien ceci : je crois qu'*il sait*, maintenant. C'est ce soir l'anniversaire ! — Dix heures vont sonner... oui, je crois qu'il va venir me prendre — par les *yeux* ! vociféra-t-elle subitement. Comment lui résister ? Ma chair s'est liée à la sienne dans une parole prononcée aux pieds du Dieu consécrateur !

Ah ! chose réellement bizarre ! Mystères de l'organisation ! Malgré le lieu, l'heure et le souvenir, je n'avais pas sourcillé. — « C'est le délire, pensai-je, rien de plus. » — Jamais je ne m'étais mieux porté intérieurement. Sous ma figure attristée comme la situation l'exigeait, je me sentais guilleret, dispos, allègre! Je fis fondre, à la dérobée, une praline dans ma joue droite, tout heureux de ma quiétude d'esprit.

Qu'avais-je à craindre, en effet? — Son mari avait cela de bon, pour le moment, qu'il était mort.

— N'ayez pas peur, je suis là! lui dis-je, pour la calmer. Je n'ai pas tous les jours des paniques aussi irréfléchies que celle qui me mit en fuite le premier soir de votre veuvage! Je conviens que ce mouvement nerveux fut, chez moi, déraisonnable!

— Oh! malheureux! dites que c'est le seul et inconscient éclair de Raison, de véritable Raison, que vous ayez eu depuis le jour de votre naissance! dit Claire, toujours accoudée; dites et surtout pensez cela!

Elle eut une espèce de gloussement diabolique; le sang lui obstruait la gorge.

— Oh! le morne souffle des réprouvés!

dit-elle. Vous rappelez-vous la chambre ? Vous aviez les yeux baissés. Vous étiez agenouillé ! Vous ne vîtes rien. Moi, j'étais prosternée, dans mon chagrin, contre le lit. Je ne pouvais rien voir. Mais je vais vous dire, maintenant, ce qui se passa au-dessus de nos têtes ! — M. Lenoir rouvrit les yeux ! Il rejeta subitement le drap, se dressa, en silence, les poings crispés et levés sur moi ! Il avait la figure de la damnation ! Il grinça des dents, — sans bruit, pour nous ! Ah ! Funeste, avec deux lueurs de l'enfer sous les sourcils, il me maudit comme partie de lui-même, au nom des nuits sans Dieu où plusieurs entreront. Et nous ne l'avons pas vu, *parce qu'il fallait* que nous eussions la tête baissée en ce moment-là !

Puis il se réétendit, ramena, de ses deux mains, le drap sur sa poitrine, referma les yeux et son visage reprit le masque insensible que nous prendrons tous, — que je prendrai, moi, tout à l'heure. Ce fut alors que, ne sachant pas ce qui s'était passé, je me levai et l'embrassai tendrement, les larmes aux yeux, une dernière fois, sur son front mort.

Elle se tut : je la regardai fixement :

— Comment, — comment avez-vous su que cela s'était passé ? demandai-je.

— J'ai vu la scène se produire la nuit suivante, en rêve, dans une grande glace où je regardais.

— Les démons peuvent habiter, en effet, le reflet des glaces ! lui dis-je, par compassion : mais, dans la vie réelle, — ajoutai-je en la considérant avec mes yeux ternes et en me grattant le bout du nez, — dans la vie réelle, on n'admet pas, comme cela, les Démons.

— Comment avez-vous pu me reconnaître, moi, dans le reflet de ce miroir ? Mes traits devaient y être douteux : ce fut plutôt, je pense, à la beauté morale, n'est-ce pas, respirée, pour ainsi dire, par l'ensemble de ces traits, que vous avez cru me reconnaître ?... — En rêve ? dis-je, encore, presque à moi-même : — mais, madame, pourquoi donc avez-vous alors poussé ce cri, dans la chambre, puisque vous ne saviez rien, puisque vous n'aviez rien vu !

— Une fois levée, me répondit Claire Lenoir, aussitôt que je l'eus embrassé, et mon oreille encore sur sa bouche, j'entendis un rire très sourd — un glapissement qui sortait de ces lèvres furieuses !... Alors, j'ai crié, parce que je fus vaincue par une terreur sans limites, un effroi terrible ! Et mon cri était si bien parti du fond de mes entrailles, que vous en avez compris, électriquement, la signification.

Ceci, je dois l'avouer, me fit pâlir à mon tour. Le fait est que l'auberge déserte, les chandelles qui menaçaient de s'éteindre bientôt, cette idée d'anniversaire, et, par-dessus tout, cette moribonde en deuil et en lunettes, commençaient à oblitérer la rectitude de mon jugement. Le mal dont j'ai parlé m'envahissait aussi, peu à peu. Je le sentais gronder en moi, comme de grandes eaux lointaines ! — Allons ! allons ! disons la chose ! Mes dents se mirent à claquer follement ! la sueur coula sur mes tempes ; je devins verdâtre, mes yeux s'injectèrent et roulèrent dans leurs orbites ; une oppression affreuse pesa lourdement sur ma poitrine ; je jetai bas le masque :

— Vision et folie ! hurlai-je, hagard, en me dressant.

CHAPITRE XIX

TETERRIMA FACIES DÆMONUM

> Comme le prêtre se détourna vers le cadavre en lui disant la parole de l'Office des morts : « *Responde mihi !* » l'on vit l'évêque défunt se dresser dans sa bière en criant d'une voix affreuse :
> *Comparui? — Judicatus sum ! — Justo judicio Dei, damnatus !*
> Et il se réétendit dans le cercueil.
> HISTOIRE DE SAINT BRUNO.

— Je l'ai revu, lui ! Toujours en rêve ! dit Claire Lenoir, sans s'adresser précisément à moi. Trois mois et demi, environ, après sa mort. Seulement, une chose qui tient probablement du hasard des rêves, ajouta Mme Lenoir de sa même voix rauque et sourde, c'est l'extérieur sous lequel il m'est alors apparu. C'était bien lui. — Ah! c'était *lui!*

Et le sourire malsain des fous vint errer sur ses lèvres comme un feu follet sur un tombeau.

— Vous allez plaindre mon faible esprit à cause des rêves, continua-t-elle; mais il était absolument semblable de corps, de stature et de couleur, *à ces êtres obscurs que l'on mentionne — vous savez, — dans les relations maritimes de l'Océanie.*

Je songeai à la lettre; je fis un soubresaut, n'en croyant pas mes oreilles, je voulus en vain lier deux idées : un éclair d'une nature qu'il n'est pas au pouvoir de la logique humaine d'expliquer, aveugla tout mon entendement, je sentis un cri d'horreur s'étouffer hideusement dans ma gorge.

— Oui, continua la moribonde avec une

solennité d'outre-tombe ; il était semblable à l'un des monstres familiers des plages désertes et des vagues maudites. Son corps, velu et farouche, se dressait, fumée plus foncée que l'ébène. Des plumes d'oiseaux de mer lui servaient de ceinture et de vêtements.
— Autour de lui s'étendaient les espaces, peuplés par les Terreurs et l'infini des songes. Des serpents de feu tatouaient l'apparition : les cheveux, longs et gris, tombaient, hérissés, autour des épaules. Oh! par quelle suite de pensées, d'impressions anciennes, pouvais-je en être venue à me le figurer, à le *songer* tel, si informe, si différent! Il était debout, seul, parmi des rochers perdus, regardant au loin, sur la mer, comme attendant quelqu'un ; à son air impénétrable, je *sentais* que c'était le défunt plutôt que je ne le reconnaissais. Il aiguisait furtivement, derrière lui, un grossier coutelas de pierre...

ses yeux nocturnes faisaient frissonner mon âme d'une angoisse de sang, d'enfer et d'agonie; je me réveillai en sursaut, dans un grand cri, trempée et glacée de sueur... Jamais je n'ai réussi à oublier ce songe.

Elle se tut.

Puis-je dire, y a-t-il des mots pour exprimer les effroyables pensées, — filles des possibilités funèbres, après tout, — qui me paralysaient des pieds à la tête, pendant ces phrases infernales? J'étais bouleversé. Les sentiments qui s'agitaient dans mon être étaient innommables.

Cependant, bien que le son de ma propre voix me fît profondément frémir, j'articulai sans me rendre compte au juste de mes paroles :

— Personne! personne, heureusement, — entendez-vous? — ne saurait déterminer le point précis où commence la réalité objective des visions !

Et j'ajoutai, avec un rire forcé qui me faisait mal aux cheveux :

— Les hospices d'aliénés n'y ont pas pensé ! Rappelez-vous la discussion que nous eûmes du vivant de cet ergoteur de Lenoir !

— Eh ! bien, pensez-y ! dit la malade avec un morne sourire, — et priez. Les prières, étant lancées par la volonté au delà de la Nature, échappent à la Destruction. Pour moi qui n'ai pas rougi de prier, alors que mon effrayant mari poussait le doute outrageant, — cancer de nos tristes jours — jusqu'à feindre le respect pour ma foi par amour pour mon malheureux corps, — pour moi qui voulais me repentir d'avoir commis une chose défendue, — car il n'est pas de raison qui puisse l'absoudre, — j'espère et je suis sûre — qu'après un instant d'agonie, Dieu ne m'exclura pas de tout pardon.

Et, saisissant ses besicles à pleines mains, elle se les arracha du front. Les verres se brisèrent entre ses mains ensanglantées, et elle tordit leur monture dans une convulsion.

— Je n'ai plus besoin de lunettes pour y voir, maintenant ! dit-elle.

Elle parlait d'une voix trémébonde, mais cependant avec une sorte de sourire d'espérance vraiment infinie où son courage semblait s'affermir pour quelque terrifiante épreuve, imminente et suprême, après laquelle son âme serait « sauvée ».

Dix heures sonnèrent.

Il y eut un moment de silence, pendant lequel Mme Lenoir s'étendit lamentablement sur le dos, la tête très relevée par l'oreiller, et les yeux fixes, tout grands ouverts. Elle avait l'air de considérer, *d'approfondir*, *peu à peu,* malgré elle, la blancheur aveuglante de la muraille où tombait le reflet des chandelles.

En ce moment les premiers éclats du feu d'artifice lointain parvinrent jusqu'à nous : la fête nationale battait son plein. L'on entendait les vagues hurrahs des gens sérieux de la ville, satisfaits de voir de belles fusées s'élever et pétarder, d'ailleurs agréablement, dans les airs.

— Ah ! cria-t-elle en un sursaut, eh bien ! qu'est-ce que je disais !... LE VOILA ! Regardez ! Là ! là ! le monstre de mes mauvais songes ! Le voilà — tel qu'il se *rêvait,* lui aussi, M. Lenoir ! Était-il donc *un fils de Cham* pour s'être, ainsi, RÉALISÉ dans la Mort ? Pour qui aiguise-t-il si longtemps, — si froidement, — devant la mer affreuse, — ce couteau ?... Ah ! vampire ! démon ! assassin !.. râlait la malheureuse femme, — va-t'en de cette muraille ! Laisse mes pauvres yeux !

Ses mains se raidirent tout à coup en une crispation atroce et ses yeux mystérieux s'agrandirent : ce qu'elle voyait devenait, sans aucun doute, si épouvantable qu'elle ne trouvait même plus en sa poitrine la force d'un cri. Elle se débattit, puis retomba, rigide, toujours le regard tendu sur la muraille, avec une espèce de mauvais sanglot.

Elle avait, sans doute, rendu son âme : mais je n'en étais pas sûr.

Je me précipitai sur mon sac pour en tirer une trousse à lancettes ; je fouillais désespérément : je n'avais que des verres, des instruments, des collections d'infusoires, des loupes ; je bondissais, à travers la chambre, sans avoir ma raison ! Et je retournai vers le lit, en tenant machinalement à la main une forte loupe que j'avais trouvée.

Alors, je pris la chandelle, je l'approchai

du visage de la défunte, et je la considérai, à la loupe, avec un tremblement nerveux.

— Enfin! — c'était fini!... pensai-je avec un soupir de soulagement; elle était bien morte.

Tout à coup, *je ne peux pas dire pourquoi*, ses yeux stagnants attirèrent mon attention.

Une idée, des plus insolites, me passa, subitement, dans l'esprit. Une curiosité entra dans mon cœur et en balaya toute appréhension. Je me raidis, quelque peu frissonnant; je voulais examiner la taie qui recouvrait ces ténébreuses prunelles et plonger sous ce crêpe! Un Démon me saisit donc le bras, courba ma vieille tête, appuya sur mon œil et presque de force, la loupe puissante, et, m'indiquant, dans l'âme, les yeux de la morte, me vociféra dans l'oreille en assourdissant mon angoisse :

— Regarde.

Dès lors, je devins plus tranquille ; je sentis que la vieille Science me ressaisissait.

Je promenai ma loupe sur les prunelles.

Les yeux ne présentaient vraiment aucune particularité bien appréciable, si ce n'est leur extraordinaire aspect vitreux. J'allais renoncer à ma tentative, lorsque les pupilles me parurent contenir des points qui ressemblaient à des piqûres d'ombres.

J'allai sur-le-champ donner un tour de clef à la serrure; puis je revins auprès du lit, et me croisai les bras, rêvant aux moyens d'expérimentation.

J'avais un appareil d'induction dans l'une de mes vastes poches.

Si je faisais jouer le nerf ciliaire?... pensai-je. — Mais je rejetai bien vite cette idée inutile, — oiseuse, même.

Je tirai de mon sac un petit flacon : — Une goutte de cet alcaloïde, pensai-je, distendrait la pupille?... — Mais je rejetai encore cette idée : le solutum en question ne pouvait s'appliquer avec fruit sur un cadavre.

Tout à coup, j'aperçus mon ophtalmoscope !

— Ha! ah! ah! m'écriai-je, voilà l'affaire!

Grinçant un peu des dents, je pris, entre mes bras, le cadavre, dont la longue chemise formait suaire, et l'appliquai debout contre le mur, au-dessous d'un gros clou.

J'allais l'étayer d'une corde passée sous les aisselles et suspendue à ce clou par les bouts noués ensemble...

Mais une réflexion contraria mon projet.

Ce qui pouvait être demeuré en *ces* yeux allait m'apparaître en sens inverse, retourné de bas en haut, la cavité située derrière l'iris formant chambre noire.

Il y avait un moyen d'obvier à cela : j'hésitai toutefois à y recourir.

Mes confrères trouveront peut-être puéril certain scrupule que j'éprouvai à disposer, contre le mur, la tête en bas les pieds en l'air, le cadavre de Mme Lenoir.

L'on me dira, je le sais, qu'au moment d'une expérience sérieuse, c'était là faire preuve d'une bien intempestive sentimentalité, puisque nul n'ignore que cette formalité scientifique — ainsi que beaucoup d'autres, plus familières, encore, — se pratiquent, chaque jour et à toute heure, en Europe, sur une moyenne d'au moins cinquante à soixante mille cadavres féminins — (appartenant à la classe nécessiteuse, il est vrai) — dans les amphithéâtres, morgues, hospices, etc.

Je répondrai que c'était précisément parce que j'avais toujours connu Mme Lenoir dans l'aisance que le fait, ici, m'apparaissait comme sacrilège.

Ah! si la chère dame n'eût jamais été, à mon su, qu'une besogneuse, une pauvresse, — mon Dieu! même laborieuse, — il va sans dire que l'idée ne me fût même pas venue d'hésiter, — ou que, si ce saugrenu scrupule m'eût traversé un instant l'esprit, je l'eusse étouffé bien vite et en rougissant, afin de ne pas mériter d'être la risée de tous mes confrères.

Mais, encore une fois, j'avais toujours connu en Mme Claire Lenoir une rentière honorable, et, je l'avoue, ceci m'imposait quelque respect, même pour sa dépouille mortelle. Je ressaisis donc le cadavre à bras-le-corps et me mis à errer par la chambre, ne sachant trop à quoi me résoudre, lorsque me vint une idée conciliatrice — et si simple que je m'étonnai, vraiment, qu'elle ne me fût pas plus tôt sautée à l'esprit.

Voici : je replaçai, non sans précautions,

le corps de Mme Lenoir tout bonnement sur son lit de mort; mais je l'y plaçai *en travers*, — de telle sorte que le cou et la tête, dépassant, à la renverse, le bord du lit, fussent comme suspendus au-dessus du plancher.

Au pied du lit traînait, maintenant, la grande chevelure châtain, dont le tiers, déjà, s'était argenté. La face donc s'offrait à rebours, et les yeux, demeurés grands ouverts, à hauteur de mes genoux, me semblaient toujours, malgré moi, d'une assez inquiétante solennité. Nul doute, à présent, que — s'il y avait *quelque chose* en leurs prunelles, — cela m'apparût dans le sens normal.

Je saisis, ensuite, l'un des chandeliers dont les dernières flammes palpitaient, et je le plaçai entre nous deux.

J'ajustai une lentille énorme dans le porte-verre en face du réflecteur et je m'apprêtai à promener le pinceau de lumière dans la profondeur même des yeux de Mme Lenoir.

Mais, au premier regard que j'aventurai en ces yeux par le trou de l'ophtalmoscope, je reculai, ne sachant pas, — ne voulant pas savoir — ce que j'avais entrevu!

Je restai, pendant un instant, immobile; quant aux idées qui apparurent, alors, dans mon cerveau, je ne crois pas que l'enfer lui-même en ait reflété d'une plus hérissante horreur.

Et, me faisant tressaillir, voici qu'empourprant les vitres, le bouquet du feu d'artifice de la Fête nationale éclata, dans l'éloignement, sur la ville exultante, aux acclamations d'une multitude bisexuelle.

Cependant le lumignon allait mourir, j'allais être dans l'obscurité.

— Non! m'écriai-je en fléchissant le genou, — il faut que je voie! Il faut que je voie!

Et je braquai mon œil sur l'ouverture lumineuse.

Il me semblait que, seul entre les vivants, j'allais, le premier, regarder dans l'Infini *par le trou de la serrure.*

CHAPITRE XX

LE ROI DES ÉPOUVANTEMENTS

> L'abîme a jeté son cri : la profondeur
> a levé ses deux mains.
>
> HABACUC, III, 10.

Alors, — oh! l'effroi de ma vie! oh! vision qui a changé pour moi le monde en sépulcre, qui a installé la Folie dans mon âme! — En examinant les yeux de la morte, je vis, distinctement, d'abord se découper, comme un cadre, le liseré de papier violet qui bordait le haut de la muraille. Et, dans ce cadre, réverbéré de la sorte, j'aperçus un tableau que toute langue, morte ou vivante (je n'hésite pas un seul instant à le dire), est, sous le soleil et la lune, hors d'état d'exprimer.

Oh! comment décrire cela! Quelle imagination comblera l'inanité dérisoire des mots que je vais tracer!

Le paroxysme de l'ardente inquiétude qui m'agitait faisait trembler l'ophtalmoscope entre mes doigts, — et le jet de lumière dansait dans les yeux du cadavre, dans les grands yeux renversés, vitreux, fixes, exorbitants, déployés!

Et voici à peu près ce que je voyais :

— Oui!... des cieux! — des flots lointains, un grand rocher, la nuit tombante et les étoiles! — Et, debout, sur la roche, plus grand que les vivants, un homme, pareil aux insulaires des archipels de la Mer-dangereuse, se dressait! Était-ce un homme, ce fantôme?

Il élevait d'une main, vers l'abîme, une tête sanglante, par les cheveux ! — Avec un hurlement que je n'entendais pas, mais dont je devinais l'horreur à l'ignivome distension de sa bouche grand'ouverte, il semblait la vouer aux souffles de l'ombre et de l'espace ! De son autre main pendante, il tenait un coutelas de pierre, dégouttant et rouge. Autour de lui, l'horizon me paraissait sans bornes, — la solitude, à jamais maudite ! Et, sous l'expression de furie surnaturelle, sous la contraction de vengeance, de solennelle colère et de haine, je reconnus, sur-le-champ, sur la face de l'Ottysor-vampire, *la ressemblance inexprimable du pauvre M. Lenoir avant sa mort*, et, dans la tête tranchée, les traits, affreusement assombris, de ce jeune homme d'autrefois, de sir Henry Clifton, le lieutenant perdu.

Chancelant, les bras étendus, tremblotant comme un enfant, je reculai.

Ma raison s'enfuyait : de hideuses, de confuses conjectures affolaient mon hébétement. Je n'était plus qu'un vivant chaos d'angoisses, une loque humaine, un cerveau desséché comme de la craie, pulvérisé sous l'immense menace ! Et la Science, la souriante vieille aux yeux clairs, à la logique un peu trop *désintéressée,* à la fraternelle embrassade, me ricanait à l'oreille qu'elle n'était, elle aussi, qu'un leurre de l'Inconnu qui nous guette et nous attend.

Soudain, je me précipitai vers la muraille et, en y collant, à plat, mes mains, — dont une épouvante sans nom largement écartait les doigts, — j'en heurtai la maçonnerie.

— Mais, — mais, — grondai-je en regardant de travers la morte, — il a fallu... qu'au mépris des vieux mensonges de l'Étendue et de la Durée... mensonges dont tout nous démontre, aujourd'hui, l'évidence... il a fallu que l'APPARITION fût *réellement* extérieure, à tel impondérable degré quelconque, *en un fluide vivant peut-être,* pour se réfracter de la sorte sur tes voyantes prunelles!

Je m'arrêtai, et je conclus, à voix basse, les cheveux dressés, les poings crispés :

— Mais... alors, — où sommes-nous ?

Et, comme je me penchai sur la décédée, — avec une frénétique rage d'énergumène et de sacrilège — pour examiner encore le spectacle exécrable qui me fascinait, l'ophtalmoscope s'échappa de mes mains à l'aspect des traits de la morte ; je venais de voir deux larmes jaillir et couler lentement, lourdement, sur les joues livides.

Et la Mort commença, voilant l'Impénétrable, à rouler ses ombres profondes sur *ces Yeux.* »

ÉPILOGUE

LES VISIONS MERVEILLEUSES

DU

D' TRIBULAT BONHOMET

« Je ne disputerai pas toujours, dit l'Éternel. »
Isaïe. ch. lxvii, v. 12.

LES
VISIONS MERVEILLEUSES

DU

Dr TRIBULAT BONHOMET

A Monsieur Émile PIERRE.

Les journaux français ont ébruité — comme toujours, à la légère, — la nouvelle (heureusement aujourd'hui controuvée) du subit décès de notre illustre ami, le docteur Bonhomet, dont les thèses récentes, notamment celles intitulées : *De l'influence de la cantharide sur le clergé de Chandernagor* et *De la réhabilitation de Saint Vincent de Paul*, — et, surtout, *De la laïcisation du Souverain-Pontife*, — ont soulevé, au cours du dernier semestre, tant de scandaleuses polémiques.

Voici, ramenés à leurs justes proportions, les faits.

Bien que plus de vingt ans se fussent écoulés depuis l'effroyable saisissement que Mme Claire Lenoir lui avait causé « avec ses yeux d'infini après décès », cette hallucination, — sur l'exacte nature de laquelle on ne peut guère se prononcer, — avait augmenté jusqu'à l'hypocondrie l'intensité de l'organique névrose du docteur.

Les attaques d'affres étaient devenues chroniques. Si bien qu'ayant ému de ses doléances la Faculté de Paris, l'une de nos sommités, pour se défaire de ses instances, lui avait conseillé le « lait humain » comme palliatif, sinon même comme sédatif.

L'idée de cette médication, si anodine qu'il la préjugeât, avait singulièrement souri à Bonhomet. S'étant donc transporté au bureau de nourrices le plus en vogue, son choix, après mûr examen, se fixa sur une forte et luxuriante Cauchoise, à coiffe immense, à *suivez-moi, jeune homme!* ponceaux et flottants jusqu'à terre : il l'avait emmenée sur-le-champ, dans son carrosse, au grand trot, chez lui.

Là, quand il l'eut guidée, en silence, à travers le labyrinthe des vastes salons interminables, déserts et crépusculaires, aux lustres éternellement enveloppés en des voiles de gaze, aux meubles toujours dissimulés sous des housses poudreuses, il arriva qu'au troisième salon, la nourrice prit peur et demanda, d'une voix inquiète « où était l'enfant ? »

Taciturne, flûtant son organe, les yeux au plafond, et laissant tomber ses sourcils en triangle plaintif, le docteur avait gutturalement vagi ces deux mots inattendus :

— Mê...ê... c'est MÔA !...

Suffoquée par cette réponse, la nourrice était tombée à la renverse sur un grand sopha qui se trouvait à sa portée : et le docteur, profitant de cette circonstance, s'était rué sur elle et avait pris une dose copieuse de médicament.

De temps à autre, même, pour rassurer la nourrice et lui donner à entendre qu'il était un homme d'intérieur, un homme rangé, il grommelait, en roulant des yeux :

— Voilà, — voilà ce qu'on ne trouve pas au restaurant.

Mais le remède ayant été sans action sur

sa nature, M. Bonhomet dut y renoncer au bout de trois semaines d'essai loyal.

Il avait donc fallu trouver un énergique moyen de faire passer, au plus tôt, le lait de Fructuence : (c'était le nom de la nourrice). Après en avoir mûrement délibéré avec lui-même, Bonhomet, répudiant les drogues, les potions et les herbes, s'était décidé pour la méthode impressionniste : — et lui avait simplement causé une frayeur où elle avait failli laisser sa raison. A la longue, le tempérament de la Cauchoise ayant repris le dessus, Fructuence était restée attachée à Bonhomet, auquel (grâce aux petits soins du docteur), elle croyait devoir la vie : — et, le temps s'écoulant, elle était devenue sa gouvernante.

Résolu de s'en tenir désormais aux drastiques, aux hydragogues et aux minoratifss le docteur avait brusquement quitté Pari, et s'était relégué, pour s'y traiter à l'aise, en cette maison de plaisance qu'il possède au beau milieu d'une forêt, — assez mal famée d'ailleurs, — aux environs de Digne (que des intimes croient être sa ville natale) : — il y avait emmené sa dévouée Fructuence.

Or, les tremblements de terre, (oubliés déjà, comme de raison), de ces jours-ci — et les cyclones qui s'ensuivirent — ayant aggravé — vu sa nature de sensitive — l'affaissement nerveux dont il souffrait, il dut s'aliter, le 2 du courant, se jugeant au plus mal.

Si bien que, vers le minuit du 3 au 4, au plus fort des bourrasques et des pluies dont gémissait autour de sa demeure la grande clairière, sa désolée Fructuence, accourue à son appel, se prit à « gicler », comme de raison, les larmes d'usage.

— Ouvre la fenêtre ! cria Bonhomet.

La pauvre femme ayant obéi, Bonhomet jeta un coup d'œil sur le ciel :

— Toujours les étoiles !... grommela-t-il avec mauvaise humeur en se retournant vers la ruelle : — ça n'en finit pas !

La croisée une fois reclose, et comme Fructuence larmoyait toujours :

— Du calme, Fructuence ! Un rien nous console, dit Bonhomet. Moi aussi j'eus des amis ! des amis bien chers !... Toutefois je ne sais comment il s'est fait que, — nombre d'abus de confiance, dont ils furent victimes, les ayant plongés dans un dénuement devenu proverbial, — nos relations, insensiblement, s'attiédirent, confinèrent, bientôt, à la froideur — et finalement, tournèrent à une animadversion qui m'obligea, bien qu'à regret ! à les induire en une série de catastrophes étranges où ils laissèrent, sinon l'honneur, du moins la vie. — N'aimons donc jamais trop, ma bonne Fructuence!... Essuie tes paupières... et, surtout, n'oublie pas, au fort de ton égarement, de glisser une vieille bouteille de cognac dans mon cercueil!

— Pourquoi? gémit Fructuence d'une voix entrecoupée.

— Pour tuer le ver! articula caverneusement Bonhomet.

Sur quoi Fructuence, épouvantée, quitta la chambre en criant au délire.

Demeuré seul, M. Bonhomet ressentit le besoin de se remettre avec le dieu, dont il s'était tant de fois montré le si sagace antagoniste. — (Il va sans dire que chacun n'ayant de Dieu que ce qu'il accepte d'en penser, le dieu du docteur diffère peut-être, en quelques points, du dieu d'Isaïe, de saint Paul, de saint Laurent, de sainte Blandine, de Christophe Colomb, de saint Louis, de saint Bernard, de Pascal, et de quelques autres âmes superficielles, dénuées, paraît-il, des lumières de ce cher Bon sens, dont nous autres, enfants gâtés des Époques, avons, sans contredit, depuis nos découvertes, l'exclusif monopole).

— Seigneur! clamita l'avisé docteur en entrelaçant ses doigts, — tout enfant, je vous ai aimé : ultérieurement, je vous ai conspué ; actuellement, je vous pardonne.

Ce disant, il ferma les yeux et son remarquable *moi*, son sens intime, enfin, ne tarda pas à s'abîmer en une syncope — dont l'insolite caractère léthargique a motivé l'erreur des *reporters* méridionaux. Nous étant rendus à Digne, sur un mot précipité de Fructuence, pour assister aux obsèques du docteur, — c'est à l'effarement même de son réveil que nous devons les révélations suivantes :

Il paraîtrait, d'après celles-ci, que (chose

inconcevable !) des VISIONS, oui, des visions, se sont allumées, durant cette syncope, au profond du cerveau, d'ordinaire moins éruptif, de l'auteur du *Têtard*. Et que c'est au *dénouement* de l'une d'entre elles qu'il doit sa rentrée, hallucinée encore, dans la société.

Voici, sans commentaires, ce qu'il affirme avoir vu et entendu :

Ravi en esprit aux confins de l'Espace, il baignait, lui semblait-il, en ce qu'il avait flétri, toute sa vie, du sobriquet de « Le Bleu ».

Soudain, croyant percevoir se tramer, sur des nuées, la silhouette d'un Vieillard du plus convenable aspect :

— Est-ce à Dieu... lui-même... — ou seulement — à Boïeldieu... que j'ai l'honneur de parler ?... modula-t-il en abordant l'apparition, tout en lissant des doigts de gants imaginaires.

— Non, monsieur, — lui répondit alors, avec une exquise courtoisie, l'habitant de l'azur : — c'est à Tardieu.

— Mieux vaut « tard » que jamais, mon cher collègue ! s'écria Bonhomet, risquant cet innocent jeu de mots qu'une récente lecture de quelqu'un de nos chroniqueurs en vogue, (sans doute) fort à propos lui suggéra.

Le calembour ayant « dissipé », pour ainsi dire, son grave confrère, Bonhomet se retrouvait encore seul au seuil mystique des Firmaments privés de bornes, lorsqu'un chuchotement formidable — et qui faillit abolir à jamais le sens de l'ouïe chez notre sympathique praticien, vibra. — Cette *Voix* résonnait de lui et d'autour de lui avec une telle identité qu'un instant Bonhomet crut que la Mort l'avait rendu ventriloque.

Était-ce donc là cette voix de Dieu, que le docteur, en homme éclairé, avait jusqu'alors déclaré ne pouvoir être, ni la basse, ni le baryton, ni le trial, ni des laruettes, — mais bien, étant du plus élevé des timbres, la tyrolienne ?

— Vous ne vous êtes pas souvenu de moi pendant la vie ? disait la Voix.

— Excusez-moi, Seigneur ! — protesta Bonhomet qui, cette fois, n'eut plus aucun doute sur la qualité de son interlocuteur : mais... je n'ai jamais eu la mémoire des noms.

— Vous avez supplicié des pauvres, parce que la seule vue de leur misère offensait votre mollesse.

— Seigneur ! n'avez-vous pas dit qu'il faut rendre le bien pour le mal? Cela ne m'a pas semblé suffisant ; les pauvres, par leur mauvaise éducation, mirent, effectivement, maintes fois à l'épreuve ma délicatesse. Aussi leur ai-je rendu le *mieux* pour le mal.

— *Malheureusement, le mieux est, quelquefois, l'ennemi du bien.*

— Vous laissâtes mourir de faim celles qui vous prodiguèrent leurs faveurs.

— Seigneur, murmura Bonhomet, je ne donne jamais d'argent aux femmes, de crainte que, dans leur babil avec des tiers, elles s'autorisent de l'argent que je leur *aurais* donné pour nier l'amour *réel* qu'elles ont éprouvé en mes complaisances.

— Vous avez souillé, dans les impuretés où se vautre l'indifférence, l'immortalité de votre âme.

— A laquelle je ne croyais mie, je l'avoue! répliqua Bonhomet.

— Que vous croyez-vous être?

— L'*arrière*-pensée moderne.

— Quand poserez-vous le masque! reprit la Voix.

— Mais... après vous, Seigneur?... répondit, avec son parfait sourire d'homme du monde, l'éduqué thérapeute.

— Toujours farceur? constata la Voix attristée : — eh bien, retournez donc parmi les farceurs, afin que votre nombreuse-personne inspire, là-bas, quelqu'une de ces pages de feu, de honte et de vomissement, que, de siècle en siècle, l'un de mes soldats crache, en frémissant, au front de vos congénères.

Et c'est à cette Parole — dont la sévérité démodée confondit l'enjouement conciliateur de ses heureuses reparties, — que nous devons de rouvrir des yeux de notre illustre ami, — dont le mieux, d'ailleurs, s'accentue.

FIN

TABLE

LE TUEUR DE CYGNES............................ 1
MOTION DU Dʳ TRIBULAT BONHOMET TOUCHANT L'UTI-
  LISATION DES TREMBLEMENTS DE TERRE......... 15
LE BANQUET DES ÉVENTUALISTES.................. 27
CLAIRE LENOIR.................................. 37
    I. — Précautions et confidences......... 41
    II. — Sir Henry Clifton................. 63
    III. — Explications surérogatoires....... 77
    IV. — L'entrefilet mystérieux........... 83
    V. — Les bésicles couleur d'azur........ 89
    VI. — Je tue le temps avant le dîner...... 97
    VII. — On cause musique et littérature... 103
    VIII. — Spiritisme 119
    IX. — Balourdises, indiscrétions et stupi-
          dités (incroyables!...) de mon
          pauvre ami.................... 129
    X. — Fatras philosophique............. 145

XI.	— Le docteur, madame Lenoir et moi nous sommes pris d'un accès de jovialité....................	157
XII.	— Une discuteuse sentimentale.......	165
XIII.	— Les remarques singulières du docteur Lenoir....................	181
XIV.	— Le corps sidéral.................	195
XV.	— Le hasard permet à mon ami de vérifier incontinent ses théories humiliantes....................	209
XVI.	— Ce qui s'appelle une chaude alarme.	215
XVII.	— L'Ottysor......................	223
XVIII.	— L'anniversaire...................	235
XIX.	— Teterrima facies dæmonum.......	247
XX.	— Le roi des épouvantements........	263

LES VISIONS MERVEILLEUSES DU Dr TRIBULAT BONHOMET... 271

ÉMILE COLIN — IMPRIMERIE DE LAGNY

EN VENTE CHEZ LES MÊMES ÉDITEURS

Format in-18 Jésus

P. ADAM. *La Glèbe*, 1 vol. in-32.	2 »
— *L'Essence de Soleil*, 1 vol.	3 50
— *Soi*, 1 vol.	3 50
J. AJALBERT. *En Amour*, 1 vol.	3 50
— *Femmes et Paysages*, 1 vol.	3 50
— *Notes sur Berlin*, 1 vol. in-32.	2 »
BAKOUNINE. *Œuvres*. 1 vol.	3 50
BARBEY D'AUREVILLY. *Théâtre contemporain*. Nouvelle série, 1870-1883, 1 vol.	3 50
H. BEAUCLAIR. *Ohé ! l'Artiste*, 1 vol. in-32	2 »
— *La Ferme à Goron*. 1 v. in-32	2 »
— *Le Pantalon de Mme Desnou*, 1 vol. in-32.	2 »
H. BECQUE. *Querelles littéraires*, 1 vol.	3 50
H. BELLIOT. *Le roman d'une Fée*, 1 vol.	3 50
L. BLOY. *Le Désespéré*, 1 vol.	3 50
— *Propos d'un Entrepreneur de démolitions*, 1 vol.	3 50
BOUFFÉ. *Mes Souvenirs*, 1 vol.	3 50
CH. BUET. *Contes ironiques*, illustrés par ALEX. LEMAISTRE, 1 vol.	3 50
CABROL. *Le maréchal de Saint-Arnaud en Crimée*, 1 vol. in-8°	7 50
E. CADOL. *Cathi*, 1 vol.	3 50
CH. CROS. *Le Coffret de santal*, poésies et fantaisies, 1 vol.	3 50
L. DESCAVES. *Les Emmurés*, 1 vol.	3 50
— *Misères du sabre*. 1 vol.	3 50
— *Sous-Offs*, 1 vol.	3 50
— *Sous-Offs en cour d'assises*, 1 plaquette.	2 »
E. DURANDEAU. *Civils et Militaires*, préface de TH. DE BANVILLE, 1 vol. orné de dessins sur bois	3 50
JEAN GRAVE. *La Société mourante et l'Anarchie*. 1 vol.	3 50
G. GUICHES. *L'Imprévu*, 1 vol.	3 50
— *Philippe Destal*, 1 vol.	3 50
HAMON. *Psychologie de l'Anarchiste-Socialiste*, 1 vol.	3 50
L. HENNIQUE. *Un Caractère*, 1 vol.	3 50
— *La Mort du duc d'Enghien*, 1 plaquette.	2 »
— *Pœuf*, 1 vol. in-32.	2 »
HUYSMANS. *A vau l'eau*, 1 v. in-32	2 »
— *Certains*, 1 vol.	3 50
— *Un Dilemme*, 1 vol. in-32	2 »
— *En Rade*, 1 vol.	3 50
— *En Route*, 1 vol. in-18.	3 50
— *Là-Bas*, 1 vol.	3 50
J. JULLIEN. *Trouble-Cœur*, 1 v.	3 50
KROPOTKINE. *La Conquête du Pain*, 1 vol.	3 50
ED. LEPELLETIER. *L'Amant de Cœur*, 1 vol.	3 50
— *Une Femme de cinquante ans*, 1 vol.	3 50
— *Les Morts heureuses*, préface de ALPH. DAUDET, 1 vol.	3 50
J. LORRAIN. *Les Griseries*, 1 v.	2 »
J.-H. MACKAY. *Anarchistes*, 1 v.	3 50
CH. MALATO. *De la Commune à l'Anarchie*, 1 vol.	3 50
VICTOR MAUREL. *Un problème d'art* (méthode de l'art du chant), 1 vol.	3 50
A. MELIOT. *La Musique expliquée aux gens du monde*, 1 v.	3 »
JEAN MOREAS et P. ADAM. *Les Demoiselles Goubert*, 1 vol.	3 50
— *Le Thé chez Miranda*, 1 vol.	3 50
ED. MOREL. *L'Ignorance acquise*, 1 vol.	3 50
L. MULLEM. *Chez Mme Antonin*, 1 vol.	3 50
G. NADAUD. *Chansons à dire*, 1 v.	3 50
— *Miettes poétiques*, 1 vol.	3 50
— *Nouvelles chansons à dire*, 1 vol.	3 50
— *Théâtre de Fantaisie*, 1 vol.	3 50
— *Théâtre inédit*, 1 vol.	3 50
H. NIZET. *Suggestion*, 1 vol.	3 50
P. POUROT. *Les Ventres*, 1 vol.	3 50
P. DE REGLA. *Les Bas-Fonds de Constantinople*, 1 vol.	3 50
— *La Turquie officielle*, 1 vol.	3 50
SCHURMANN. *Les Étoiles en voyage*. (La Patti, Sarah-Bernhardt, Coquelin), 1 vol.	3 50
E. THIERRY. *La Comédie-Française pendant les deux sièges*, 1 vol. in-8°.	6 »
— *L'Énigme d'Andromaque*, 1 brochure in-16.	1 »
A. VALLETTE. *Le Vierge*, 1 v.	3 50
WILLY. *Soirées perdues*, 1 vol.	3 50

www.ingramcontent.com/pod-product-compliance
Lightning Source LLC
Chambersburg PA
CBHW071142160426
43196CB00011B/1981